KB189672

콕콕

주기도문

콕콕 주기도문

초판 1쇄 인쇄	2014년 08월 27일		
초판 1쇄 발행	2014년 09월 01일		

지은이	강 희 준		
펴낸이	손 형 국		
펴낸곳	(주)북랩		
편집인	선일영	편집	이소현, 이윤채, 김아름, 이탄석
디자인	이현수, 신혜림, 김루리	제작	박기성, 황동현, 구성우
마케팅	김회란, 이희정		
출판등록	2004. 12. 1(제2012-000051호)		
주소	서울시 금천구 가산디지털 1로 168, 우림라이온스밸리 B동 B113, 114호		
홈페이지	www.book.co.kr		
전화번호	(02)2026-5777	팩스	(02)2026-5747

ISBN   979-11-5585-337-5 03230(종이책) 979-11-5585-338-2 05230(전자책)

이 도서의 국립중앙도서관 출판예정도서목록(CIP)은 서지정보유통지원시스템 홈페이지(http://seoji.nl.go.kr)와
국가자료공동목록시스템(http://www.nl.go.kr/kolisnet)에서 이용하실 수 있습니다.
(CIP제어번호 : CIP2014025578)

주기도문을 제대로 알아야 내 신앙이 바른 길을 간다

콕콕 주기도문

강희준 지음 👆

북랩 book Lab

책머리에

'주기도문'

하늘에 계신 우리 아버지여

이름이 거룩히 여김을 받으시오며

나라이 임하옵시며 뜻이 하늘에서 이룬 것같이

땅에서도 이루어지이다

오늘날 우리에게 일용할 양식을 주옵시고

우리가 우리에게 죄 지은 자를 사하여 준 것같이

우리 죄를 사하여 주옵시고

우리를 시험에 들게 하지 마옵시고 다만 악에서 구하옵소서

나라와 권세와 영광이 아버지께 영원히 있사옵나이다 아멘

(마태복음 6:9~13)

모든 기독교인들이 신앙을 시작하면서 제일 처음 배우는 것이 마태복음 6장의 '주기도문'입니다. 주님께서 "이방인처럼 기도하지 말고 이렇게 하라"고 직접 가르치신 기도인데 그 뜻도 모르고 중얼중얼 외우기만 한다면 무당의 주문과 무엇이 다르겠습니까.

'나라가(이) 임하옵시며 뜻이 하늘에서 이룬 것같이 땅에서도 이루어지이다. 오늘날 우리에게 일용할 양식을 주옵시고'

임하는 나라는 어디이며 임해오는 나라는 무엇인가? 하늘에서 이룬 것은 무엇이며 땅에서 이룰 것은 무엇인가? 오늘날이라 하신 때가 언제이며 먹을 양식을 구하지 말라 하신 예수님의 일용할 '양식'은 무엇인지? 이런 말씀의 뜻도 모르면서 열심히 외우기만 한다면 염불과 다를 게 없죠? 염불을 듣는 주님의 마음은 어떠시겠습니까? 주기도문은 2천 년 전 예언이므로 주님 다시 오시는 오늘날 요한계시록과 맞물려 풀립니다.

저렇게 하지 말고 이렇게 기도하라 하셨는데 저렇게 기도해온 사람이 나는 아닌지 돌아볼 때가 되었습니다. 같은 장 31절에 구하지 말라 하신 '의식주'만 빼고 기도해도 다행입니다만 우리의 기도는 어떻습니까? 구하지 말라 하신 것만 구하진 않았는지요? 저 역시 여러분과 다를 바 없었습니다. 박사과정을 준비할 때도 저의 기도는 공염불에 지나지 않았습니다.

끓는 신앙심만 있었지 말씀지식은 없었기 때문입니다. 이제
껏 남을 가르쳐온 이력조차 잘못된 지식이었음을 알게 되었을
때 모든 게 무너져 내렸습니다. 회개하고 또 회개하는 기도밖엔
저를 일으켜 세울 것이 없었습니다. 뒤늦게 하나님의 은혜로 말
씀을 받고 나서야 이제 겨우 뜻을 알게 되었는데, 늦었지만 '옳
은 것은 옳다 하고 아닌 것은 아니다 하라.' 하신 예수님의 말씀
(마 5:37)을 따라 작은 책을 펴게 되었습니다. 편집 관계상 줄인 참
고 성구 앞뒤는 꼭 찾아봐 주시고 질문은 언제든 환영합니다.
끝으로 여러분께서 주기도문 하나만 제대로 알아도 신앙이 얼
마나 바뀌는지 저와 함께 꼭 경험하시길 간곡히 기도드리며 창
문을 엽니다.

2014년 뜨거운 여름
강 희 준 드림
777joon@daum.net

목차

성경의 오해

📖 콕콕 주기도문

📖 행복을 찾아서

성경의 이해

성경의 이해

1. 20원

저에겐 오십이 넘도록 언제나 가슴 속에 남아있는 돈이 있습니다. 그건 20원, 초등학교 2학년 때 공책 값입니다. 공책을 산다며 타온 돈을 만지작거리던 저는 문방구점을 그냥 지나쳤습니다. 갑자기 엄마가 보고 싶었기 때문입니다. 엄마는 배가 아프다며 자주 입원을 하셨는데, 어느 계절엔 집보다 병원에 계신 날이 더 많았습니다. 저는 엄마 없는 집이 몹시 싫었습니다.

학교가 파한 뒤 상도동에서 전찻길이 있는 노량진까지는 한 시간이나 걸렸습니다. 노량진에서 20원 주고 전차를 탔고 남영동에서 갈아타야 하기 때문에 내렸습니다. 그러나 갈아탈 차비가 없어서 효자동 가는 전차를 몇 대나 보냈습니다. 한 길 복판에 서서 '내가 어쩌자고 돈도 없이 여길 왔을까?' 후회했지만 엄마를 보고 싶은 마음은 모든 걸 이기게 했습니다. 망설이고 망설이다 한복 입은 아줌마의 치마 끝을 슬쩍 붙들고 올라탔습니다. 차장 아저씨는 뭔가 물어보려다 말았고 2학년 꼬마는 마구 뛰는 가슴을 안고 아줌마 옆에 착 붙어 서 있었습니다. 아들이 아닌 게 탄로 날 까봐 그랬습니다. 가장 큰 걱정은 아줌마가 먼저 내리면 어쩌나 하는 것이었습니다.

아줌마와 눈이 마주쳤을 때 가만히 여쭈었습니다.

"아줌마, 어디까지 가세요?"

차장 아저씨는 엄마와 다정한 대화쯤으로 아셨을 겁니다.

"효자동 가는 데 왜 그러니?"

아줌마의 대답이 너무 좋아서 치마를 다시 잡을 뻔했습니다. 어엿이 책가방을 멘 학생이었는데 왜 혼자 타면 차표를 내야 하고 어른과 같이 타면 공짜였는지는 지금도 모르겠습니다. 상도동에서 효자동까지 2학년 꼬마에게는 먼 길이었습니다. 청와대 길에서 순화병원까지 시장도 지나고 골목도 지나는 그 길은 딱 한 번 아버지를 따라 가본 길입니다. 하얀 건물 2층 복도를 지나며 방마다 두근대는 가슴으로 살폈습니다. 맨 끝 병실 하얀 침대 위에 엄마가 앉아계셨습니다.

"엄마…."

엄마는 깜짝 놀라 눈이 동그래졌고 나는 강아지처럼 뛰어가 안겼습니다. 그러나 이내 야단을 맞았습니다. 책가방을 멘 폼이 집에도 안 들른 모습이고 왕복 차비도 없이 먼 길을 나선 잘못을 매섭게 꾸짖으셨습니다. 전화도 없던 시절에 집은 없어진 아이로 발칵 뒤집힐 게 뻔했지만 엄마는 길을 잃을까 봐 혼자 돌려보낼 수도 없었습니다. 제 머리를 쓰다듬으며 많은 얘기를 해주셨습니다. 모처럼 엄마 옆에서 숙제도 하고 복도도 뛰어다니며 놀았습니다. 그러다 하얀 침대에서 까무룩 잠이 들었습니다. 잠에서 깨면 엄마가 있었고 또 자다 깨어도 엄마가 있었습니다. 창밖이 깜깜해도 무섭지 않았습니다.

어느새 이슥해진 밤에 남루한 아버지가 오셨습니다. 목수 일을 하시던 아버지는 깜짝 놀라 일어난 아이의 엉덩이를 마구 때렸습니다. 그리곤 돌아서서 우셨고 엄마는 저를 안고 우셨습니다. 글로 쓰고 있는 저는 이제야 울고 있습니다.

엄마는 저와 3년을 더 살아주고 돌아가셨는데 어릴 적 기억이 왜 이제야 선명히 살아나는지 모르겠습니다. 엄마와의 추억 중에 별로 큰 사건도 아니었는데 오늘은 까맣게 잊고 살던 병원 건물이 자꾸 떠오릅니다. 하얀 시트 위에서 성경책을 읽고 계셨던 엄

마. 원래 신앙인은 아니었으나 병원에서 전도 받으신 것이고 아마 죽음을 염두에 두시기도 했을 테지요. 엄마는 예수님을 영접한 듯이 보이나 그것만으로 천국에 갈 수는 없습니다. 누구든지 거듭나지 않고는 천국에 갈 수 없다 하셨기 때문입니다(요 3:5). 이미 죽은 자들은 성령이신 예수님께서 복음을 전파하실 때에 (벧전 3:19, 4:6) 그 말씀을 꼭 받고 거듭나야 합니다. 그러나 대개의 목사님들은 '우리 교회에 나오기만 하면 구원'이라 하시는데 그 말은 성경적이지 않습니다. '교회에 나오기'는 여행의 출발선에 선 모습이고 '여행을 완주하기'는 좁고 협착한 길 끝에 있기 때문입니다. 여행길엔 전차나 버스를 탈 수 있는데 반드시 한번은 갈아타야 합니다. 갈아타기와 거듭나기는 그만큼 중요합니다. 왜 갈아타야 하는지는 천천히 말씀드리겠습니다.

옛날 전차 타고 지나던 시청광장에 지금은 신식 전차가 땅 밑으로 다닙니다. 땅 위엔 수많은 촛불이 켜지기도 하고 커다란 스케이트장이 서기도 합니다. 그때 제 또래의 아이들이 노는 모습을 물끄러미 봅니다. 제가 거기 섞여 있고 엄마가 쳐다보시는 환상에 빠질 때엔 눈물이 입으로 흐릅니다.

저는 아주 오랜만에 자판을 두드리며 눈물을 먹고 있습니다. 눈물 맛이 괜찮습니다, 어머니!

2. '거듭나기'란 무슨 뜻일까요?

제 어머니는 거듭나지 못하고 운명하셨습니다.

"사람이 거듭나지 아니하면 하나님 나라를 볼 수 없느니라."(요 3:3) 예수님이 이렇게 말씀하셨을 때 유대인의 관원 니고데모는 사람이 어찌 모태에 다시 들어갈 수 있느냐고 물었습니다. 예수님은 니고데모에게 "너는 이스라엘의 지도자로서 어찌 그렇게 무식하냐?"고 책망하셨습니다. 예수님은 영적인 거듭나기를 말씀하셨는데 니고데모는 육적인 거듭나기로 받아들인 것입니다. 그러나 옛날 이스라엘의 목자들뿐만 아니라 오늘날의 많은 목자들도 성경을 자꾸 육적으로 해석함으로써 니고데모 같은 착오에 빠져있습니다. 물과 성령으로 거듭나라 했다

고 해서 물로 세례를 주는 행위도 말씀을 오해한 결과입니다. 세례洗禮는 씻을 '세' 예도 '례'자를 쓰므로 '씻는 예도'입니다. 몸을 씻는 예도일까요, 마음을 씻는 예도일까요? 물을 아무리 많이 사용하여도 물로서는 마음을 씻을 수 없습니다. 그러나 이 시대의 목자들은 여전히 물로

세례(침례)를 행하고 있습니다. 그것이 무슨 소용이 있을까요? 예수님께서 물로 거듭나야 한다고 말씀하신 물은 문자 그대로 의 물이 아니라 말씀을 뜻합니다.

신명기 32장 2절을 잠깐 보겠습니다.

'나의 교훈은 내리는 비요 나의 말은 맺히는 이슬이요 연한 풀 위에 가는 비요 채소 위에 단비로다.'

여기서 볼 수 있듯이 '말 = 물(비, 이슬, 가는 비, 단비)'이므로, 말씀 으로 세례도 받고 거듭나라는 뜻입니다.

예수님께 세례를 준 요한은 이렇게 말했습니다.

> **"나는… 물로 세례를 주거니와 내 뒤에 오시는 이는 나보다 능력이 많으시니… 그는 성령과 불로 세례를 주실 것이요."**
>
> (마 3:11)

그러므로 구약시대엔 물로 세례를 받았습니다만 신약시대 엔 '불'로 세례를 받아야 합니다. 여러분 중에 불세례를 받은 분 이 계신가요? 이 시대의 많은 목자들이 '불'의 뜻을 알지 못하 여 여전히 '물'로 세례를 주고 있습니다. 물세례는 구약시대 (세례요한 때)에 이미 끝난 예도라고 성경에 있는데도 말입니다.

물과 불의 뜻도 모르는 사람들이 너무 많은 세상입니다.

3. 성경의 '물과 불'은 무엇을 뜻할까요?

성경엔 물과 불이라는 단어가 많이 나오는데 그 뜻은 무엇일까요? 물은 만물의 생명을 키우는 근원이고 불은 모든 것을 소멸시키는 면에서 반대개념이 있습니다. 물은 앞에서 간단히 설명 드렸고 '불'에 관해서도 많은 비유가 있지만 여기서는 누가복음 12장만 보겠습니다.

'내가 불을 땅에 던지러 왔노니 이 불이 이미 붙었으면 내가 무엇을 원하리요.'(눅 12:49)

예수님은 불을 땅에 던지러 왔다고 하셨습니다. 그리고 불이 땅에 붙지 않았음을 한탄하셨습니다. 나무나 건초더미는 불이 붙어도 땅은 불이 붙을 수 없습니다. 기름을 부은 땅에 불이 나도 기름이 타는 것이지 땅이 타는 것은 아닙니다. 예수님이 땅에 던지신 불은 실제 불이 아니고 심판의 말씀입니다. 불호령 같은 말씀으로 죄를 소멸시키러 오신 분입니다. 불같은 말씀을 사람의 마음(땅)에 던졌으나 사람들은 받지 않았다는 뜻입니다. '물=말씀, 불=말씀, 땅=사람(의 마음)'은 극히 기본적인 비유입니다. 말세의 '불심판'에도 불이 나오는데 그 불이 실제 불인지, 그 심판이 폭탄이나 전쟁에 의한 육적인 불심판일지 다시 생각해야 합니다. 이렇게 성경은 많은 비유로 쓰여 있기 때문에 비유를 모르면 읽어도 그 뜻을 알 수 없습니다.

4. 성경에서 많은 비유는 예수님 마음대로 쓰신 것일까요?

성경의 비유는 예수님 마음대로 쓰신 것이 아닙니다. 하나님께서 구약에 미리 비유로 말씀하실 것을 예언하셨기 때문에 예수님이 이 땅에 오셔서 그 예언을 따라 비유로 말씀하신 것입니다.

> [시편 78:2] 내가… 비유를 베풀어서 옛 비밀한 말을 발표하리니

> [마태 13:34] 예수께서 이 모든 것을 무리에게 비유로 말씀하
> 시고 비유가 아니면 아무것도 말씀하지 아니하
> 셨으니

'비유가 아니면 아무것도 말씀하지 않았다'는 말씀에서 보듯 비유를 모르면 성경의 비밀은 아무것도 알 수 없습니다. 그러니까 비유를 모르면 죄사함이 없다고 하신 것입니다(막 4:11~12). 성경에서 비유는 그만큼 중요합니다. 그러나 온통 비유로 쓰인 요한계시록을 가르치면 '이단'이라고 일축해버리는 교회가 많은데 그런 교회는 성경적인 곳이 아닙니다. 요한계시록은 봐도 그만 안 봐도 그만인 성경의 부록이 아니니까요. 꼭 알아야 하는 성경의 핵심 결정판이기 때문입니다. 비유를 몰라서 계시록을 깨닫지 못한 목자들이 신도들에게 자기의 무식함을 숨기려고

거짓말을 하는 것입니다. '비유를 가르치면 이단'이라는 말은 '비유로 말씀하신 예수님을 이단'이라고 하는 말과 똑같지 않습니까. 아래에 예수님의 말씀을 몇 가지 적어봅니다.

이 말뜻을 모르는 사람들이 이 말뜻을 아는 사람들을 이단이라고 몰아붙이고 있습니다.

'해와 달이 어두워지고 별들이 하늘에서 떨어지며'(마 24:29)

'나는 하늘에서 내려온 산 떡이니….' 나 = 떡(요 6:51)

'내 살을 먹고 내 피를 마시는 자는 영생을 가졌고'(요 6:54)

' 큰 산과 같은 것이 바다에 던지우매 삼분의 일이 피가 되고'

↑ (계 8:8) ↓ (계 12:4)

'그 꼬리가 하늘 별 삼분의 일을 끌어다가 땅에 던지더라.'

'온 땅이 이상히 여겨 짐승을 따르고'(계 13:3)

'일곱 머리와 열 뿔 가진 짐승의 비밀을 네게 이르리라.'

(계 17:7)

세상에선 일어날 수 없는 이 해괴한 말뜻을 알아야 성경을 아는 신앙인입니다. 또 성경이 신통하고 경이로운 것은 구약과 신약이 서로 통하며 짝을 이루고 있다는 점입니다. 구약과 신약, 오래된 약속의 글과 조금 덜 오래된 약속의 글, 공통점은 약속의 글이란 말입니다. 창세기부터 요한계시록까지 성경 각 권의 배경과 기록자가 다 다르기 때문에 하나님의 말씀은 각기 다른 포장을 하고 있습니다. 하지만 그 포장을 벗겨 내보면 일관된 흐름과 맥으로 이어져있음을 알 수 있습니다. 한 분의 글임을 알 수 있는 이 흐름과 맥은 제아무리 학식이 높은 자라도 사람의 지식으론 알 수 없으며 오직 하나님의 성령만이 열어 보일 수 있습니다. 그러므로 성경을 보는 눈과 들을 귀를 달라고 간절히 기도해야 합니다.

　하나님께서 이렇게 될 것이다 또는 저렇게 하겠다고 공포하신 구약의 예언은 초림 예수님이 이루셨고 신약의 예언은 요한계시록 때 이루어지고 있습니다. 다만 성경에 관심 없는 교인들이 숱한 예언들을 모르기 때문에 그것이 이루어져도 모를 뿐이며 그들은 '성경과 관계없는 교인'이 된 것이 문제입니다.

　　[사 14:24]…여호와께서 맹세하여 가라사대 나의 생각한 것이 반드시 되며 나의 경영한 것이 반드시 이루리라

　세상에는 많은 종교와 경서가 있지만 예언이 있는 경서는 성경뿐입니다. 하나님이 예언하신 이유는 그 예언이 이루어질

때 보고 믿으라는 뜻입니다(요 14:29). 그러나 많은 사람들이 예언을 몰라서 그 이루어짐도 모르므로 믿음도 없는 점을 하나님은 안타까워하고 계십니다. 구약과 신약의 수많은 짝 중에서 일부만 본다면 아래와 같습니다.

왼쪽같이 예언된 것이 약 600~1000년 후에 오른쪽 신약으로 나타납니다.

극히 일부만 적어봅니다.

	예언(구약: 옛 약속)		성취(신약: 새 약속)
1	처녀 몸에 잉태	사 7:14	마 1:18~23
2	베들레헴에서 탄생	미 5:2	마 2:5~6
3	애굽으로 도피	호 11:1	마 2:13~15
4	나귀 타고 입성	슥 9:9	마 21:1~11
5	갈릴리서 복음 전파	사 9:1~2	마 4:14~16
6	군병들이 제비 뽑음	시 22:18	요 19:23~24
7	비유로 가르침	시 78:2	마 13:34~35

(1) 메시아가 처녀의 몸에 잉태된다는 예언은 이사야 7장 14절에 기록되었고 약 700년 후에 마태복음 1장 18~23절에 이루어지고

(2) 메시아가 베들레헴에서 탄생할 것이라는 예언은 미가서

5장 2절에 기록되었고 약 600년 후에 마태복음 2장 5~6절에 이루어지고

(3) 메시아가 애굽으로 도피할 것이라는 예언은 호세아 11장 1절에 기록되었고 약 550년 후에 마태복음 2장 13~15절에 이루어지고

(4) 메시아가 예루살렘성에 나귀 타고 입성할 것이라는 예언은 스가랴 9장 9절에 예언되었고 마태복음 21장 1~11절에 이루어졌고

(5) 메시아가 갈릴리지방부터 복음을 전파할 것이라는 예언은 이사야 9장 1~2절에 예언되었고 마태복음 4장 14~16절에 이루어졌고

(6) 메시아의 옷을 서로 갖기 위해 로마 군병들이 제비뽑을 것이란 예언은 시편 22편 18절에 예언되었고 요한복음 19장 23~24절에 이루어졌고

(7) 메시아는 비유

로 가르칠 것이라는 예언은 시편 78편 2절에 예언되었고 마태복음 13장 34~35절에 이루어졌습니다.

구약의 예언은 예수님 초림(신약) 때에 이루어졌지만 그 중 일부만 적어본 것입니다. 그러면 신약의 예언은 언제 이루어질까요? 신약의 수많은 예언은 신약의 끝인 요한계시록 때에 모두 이루어지고 성경은 끝이 납니다. 그러므로 오늘날의 신앙인들에겐 '신약의 예언과 요한계시록'이 매우 중요한데 이는 모두 비유로 쓰여 있습니다.

5. 성경에 쓰인 비유를 알아야 할까요, 몰라도 될까요?

성경의 비유는 하나님과 예수님이 계획대로 쓰신 것이기 때문에 반드시 알아야 합니다. 하나님께서 기원전 약 1,000년에 훗날 내가 그리스도를 세상에 보낼 것인데 그 땐 천국 비밀을 비유로 말하게 할 것이라고 하셨습니다(시편 78:2)[1]. 그래서 약 1,000년 후에 태어나신 예수님께서 비유로 말씀하신 것입니다. 예수님이 쓰신 비유는 천 년 전부터 예고된 비유입니다. 예수님도 비유를 모르면 천국에 갈 수 없다고 하셨고 비유를 모르면 말뜻을 알 수 없습니다. 말씀을 해득하지 못하면 믿음이 생길 수 없고 믿음이 없으면 행함도 없으므로 신앙인이라 할 수 없습니다. 비유를 가르치는 교회는 이단이라고 설명하는 목자들이 많지만 그것은 그 목자가 비유를 몰라서 그런 것입니다. 비유로 가르치신 예수님을 '이단'이라고 하는 꼴과 같습니다.

예수님도 비유를 반드시 알아야 한다고 하셨는데(막 4:11~12)[2]

---

1) **시 78:2** 내가 입을 열고 비유를 베풀어서 옛 비밀한 말을 발표하리니

2) **막 4:11** 이르시되 하나님 나라의 비밀을 너희에게는 주었으나 외인에게는 모든 것을 비유로 하나니

　　12 이는 저희로 보기는 보아도 알지 못하며 듣기는 들어도 깨닫지 못하게 하여 돌이켜 죄 사함을 얻지 못하게 하려 함이니라 하시고

목자라는 분들이 반대로 말
하면 예수님 편 목자라고
할 수 있을까요?

[마 24:19] 그 날에는 아이 밴
자들과 젖 먹이는 자
들에게 화가 있으리
로다.

[계 12:1] …해를 입은 한 여
자가 있는데 그 발
아래는 달이 있고 그
머리에는 열두 별의
면류관을 썼더라.

그 날의 화는 여자에게
만 있고 남자에겐 없다는
뜻인지, 태양을 입은 여자
가 어떻게 있을 수 있으며
발아래 달이 있는 여자는

• 시편 23편
　　　　갱상도 버전

고마~ 여호와는 내 목자라캉
께네 내가 머시 더 아숩것노?(안
그렇나 그자?)
그가 낼로 시퍼른 초장에다가
누파뿌고 고마 팬안하이 쉴 물가
로 델꼬뎅기시네
내 영혼 일바시고 자기 이름때
메 의의 길로 델꼬뎅기시네~
내가 고마 딱~ 죽을거 맹키로
생긴 요사시한 골짜기에서 뎅긴
다싸아도 해꼬지 당할거거튼 겁
을 안 묵는 거는 주께서 내하고
같이 안 있나~
주의 짝대기하고 막대기가 낼
로 딱 고마 붙들고 안 있나. ✎

또 무슨 뜻인지 알아야 할까요, 몰라도 될까요? 이것은 전부
비유로 쓰신 것이므로 다니는 교회의 목사님께 이 말뜻을 물어
봐야 합니다.

✎ 주께서 때려 지기삐도 시원치 않은 글마들 목전에서 내한테 상을 베풀어주시고

지름가꼬 내 마빡에 발라주신께네 내 다라이가 넘치것다. (우짜노? 좋아서)

내 팽생동안 어질고 너그런 고론 심성이 진짜로 내 따라뎅긴다 샀는데

내가 우째 여호와의 집에서 묵고자고 안하것노? 니것트모 그라것나?

당연히 거하지… 그것도 고마 영영~~ 아멘~~

6. 성경은 왜 비유로 쓰여 있나요?

성경에 천국의 비밀을 비유로 숨긴 이유는 그 비밀을 알아야할 무리가 있고 알면 안 되는 무리가 있기 때문입니다.

예수께서 많은 병자를 고치시고 죽은 자까지 살리시며 복음을 전파하실 때 열두 제자와 병 고침을 받은 여자들이 함께 따랐습니다. 어느 날 예수님 앞에 여러 동네 사람들이 큰 무리를 이루었을 때 예수께서 비유로 말씀하셨습니다(마태 13장).

"씨를 뿌리는 자가 씨를 뿌릴 때 어떤 씨는 길가에 떨어지기도 하고, 어떤 씨는 바위에 떨어지기도 하고, 어떤 씨는 가시떨기 속에 떨어지고, 어떤 씨는 좋은 땅에 떨어지기도 하느니라."

다시 설명하시되

"길가에 떨어진 씨는 밟히며 공중의 새들이 먹어 없어지고, 바위에 떨어진 씨는 잠시 자라지만 습기가 없으므로 말라버리고, 가시떨기에 떨어진 씨는 가

시가 함께 자라 기운을 막았고, 좋은 땅에 떨어진 씨는 나서 백 배의 결실을 하느니라." (눅 8:5~8)

이 말씀을 하시고 들을 귀 있는 자는 들으라고 외치셨습니다.

이 뜻은 하나님의 말씀이 네 가지 사람의 마음(밭)에 떨어져서 자라나는 네 가지 경우를 비유로 말씀하신 것입니다. 그러나 군중들은 이 말뜻을 알지 못해 대부분 흩어졌습니다. 제자들도 무슨 말씀인지 알아들을 수 없어 예수님께 따졌습니다.

"주님, 쉽게 말씀해주시지 어찌하여 비유로 어렵게 말씀하십니까? 군중들이 다 흩어졌잖아요."

예수께서 대답하셨습니다.

"하나님 나라의 비밀을 아는 것이 너희에게는 허락되었으나 저희에게는 허락되지 않아서 비유로 말한 것이고, 저희가 들어도 깨닫지 못하게 하려 함이니라." (눅 8:10)

그 후로도 예수께서는 천국 비밀에 대해 비유가 아니고는 어떤 말씀도 하지 않았습니다(마 13:34) [3]. 그러므로 우리는 끝까지 비유를 알고자 노력해야 합니다. 비유를 알지 못하면 죄 사

---

3) **마 13:34** 예수께서 이 모든 것을 무리에게 비유로 말씀하시고 비유가 아니면 아무것도 말씀하지 아니하셨으니

함을 얻지 못하기 때문입니다(막 4:11~12) [4].

이렇게 세상 모든 사람이 성경을 알아야 하는 것이 아니라, 그 말씀의 뜻을 알아야 하는 사람과 알면 안 되는 사람으로 나뉘어 있습니다. 그래야 비밀이라는 말도 쓸 수 있는 것입니다. 누구나 다 아는 이야기라면 비밀이라는 단어도 쓸 수 없습니다. 우리는 성경을 읽고 그 뜻을 알 수 있는지, 비밀이 허락된 '너희'인지 허락되지 아니한 '저희'인지 생각해보아야 합니다. 여기서 예수님이 말씀하신 너희와 저희는 모두 하나님을 믿어 온 교인입니다.

그 교인들에게 비유는 감추어놓은 수단입니다. 불교인에게 감춘 게 아니라 기독교인에게 감춘 것인데 놀랍지 않습니까? 나는 비유를 아는 기독교인인가, 모르는 기독교인인가.

---

4) 막 4:11 이르시되 하나님 나라의 비밀을 너희에게는 주었으나 외인에게는 모든 것을 비유로 하나니

12 이는 저희로 보기는 보아도 알지 못하며 듣기는 들어도 깨닫지 못하게 하여 돌이켜 죄 사함을 얻지 못하게 하려 함이니라 하시고

7. 성경의 비유는 언제까지 감추어져 있을까요?

[요 16:25] 이것을 비사로 너희에게 일렀거니와 때가 이르면
다시 비사로 너희에게 이르지 않고 아버지에 대한
것을 밝히 이르리라

천국에 관한 비밀은 모두 비유로 쓰인 글이어서

읽어도 속뜻은 알 수 없습니다.

요한계시록(묵시록)은 단 몇 줄도 읽을 수 없습니다

예수님이 모두 비유로 말했기 때문입니다.

안다고 하는 사람들도 '말세'를 오해하고

말세의 불심판을 핵전쟁이나 세계 3차 대전으로 해석하고

엉뚱한 쪽으로 사람들을 인도하고 있습니다.

그러나 언제까지나 비사로 이르지 않고

때가 되면 밝히 이르리라고 하셨듯이

성경의 비유가 풀리는 시대가 오면

때가 심상치 않은 것입니다.

'이런 말씀을 어디서 들었느뇨?'

둘러보아야 합니다.

2000년간 침묵해온 요한계시록이 술술 풀리는 시대

읽기조차 힘든 요한계시록이 일목요연해지고

모든 비유가 풀리는 때는

요한복음 16장 25절이 이루어지는 것이며

예수님께서 보내시겠다고 약속한 목자가 왔다는 증거입니다.

8. 성경의 약속과 '약속된 목자'

성경에는 커다란 약속이 두 가지 있습니다. 무엇일까요? 이 물음에 대답하는 분도 계시고 답하지 못하는 분도 계십니다. 그러나 답을 알고 나면 '아하, 그거!' 하실 테지만 그것은 알고 계신 것이 아닙니다.

성경에는 커다란 약속이 두 가지 있습니다. 무엇일까요?

답은?

…

답은 구약과 신약입니다.

구약은 하나님과 육적 이스라엘 민족과의 약속이고

신약은 예수님과 영적 이스라엘 민족과의 약속입니다.

구약은 하나님과 유대교인과의 약속이고

신약은 예수님과 기독교인과의 약속입니다.

구약에 약속된 목자는 '예수님'이고

신약에 약속된 목자는 '예수님의 사자'입니다(계 22:16) [5].

구약시대엔 아브라함의 혈통, 즉 이스라엘 민족이 아니면 하나님과 관계없는 사람들이며 신약시대엔 아브라함의 혈통이

---

5) **계 22:16** 나 예수는 교회들을 위하여 내 사자를 보내어 이것들을 너희에게 증거하게 하였노라…

아니라도 예수님만 믿으면 영적 이스라엘 민족이라는 말입니다. 구약시대는 아담의 9대손 노아, 노아의 10대손 아브라함, 이렇게 혈통적 대수가 있지만 신약시대엔 혈통적 대수가 없고 또 필요도 없습니다. 예수님은 사람의 씨가 아닌 성령의 씨로 태어났기에 혈통과 관계없고 누구든지 예수님을 믿으면 선민이 된다고 하셨습니다.

예수님을 믿는다는 건 '오직 예수'만 외칠 것이 아니라 그분의 말씀을 믿는 것입니다.

9. '믿는다'는 것은 무엇을 믿는다는 말일까요?

누가 여러분께 "믿습니까?" 하고 묻는다면 여러분은 "믿습니다." 하실 테지만 과연 무슨 대답을 한 것인지 생각해보시기 바랍니다.

'믿는다.'는 것은 무엇을 믿는다는 뜻인가요? 예수님이 하나님의 아들이라는 것? 아닙니다. 그것은 크리스천이 아닌 사람도 압니다. 예수님이 구세주라는 것? 아닙니다. 그것은 예수님 시대를 살았던 2000년 전 사람들에게 필요했던 것입니다. 그때 사람들은 예수님을 보고, 유대교에서 그리스도교로 나왔어야 예수님을 믿는 것이었는데 예수님께로 오지 않았습니다. 그러면 신약시대에 있어서 '예수님을 믿는 자'는 어떤 사람일까요? 예수님의 말씀을 믿는 자입니다.

구약은 하나님의 말씀이고 신약은 예수님의 말씀입니다. 예수님이 떠나시면서 내가 이 땅에 다시 올 때에 내가 직접 오지 않고 내가 보내는 사자가 올 것이다(요 14:16, [6] 계 22:16 [7]) 했는데도

---

6) **요 14:16** 내가 아버지께 구하겠으니 그가 또 다른 보혜사를 너희에게 주사 영원토록 너희와 함께 있게 하시리니

7)**계 22:16** 나 예수는 교회들을 위하여 내 사자를 보내어 이것들을 너희에게 증거하게 하였노라…

예수님이 직접 오실 것을 기다리는 사람은 성경도 필요 없고 '예수님을 믿는 자'라고 할 수 없습니다. 그런 사람은 끝까지 나를 볼 수 없다고 하셨습니다.

예수님 초림 때도 하나님을 믿는다는 목자들이 하나님이 보내신 '하나님의 사자'를 믿지 않고 죽였듯이, 예수님 재림 때도 예수님을 믿는다는 목자들이 예수님이 보내신 '그의 사자'를 죽이려 한다는 말입니다(계 11:9~10) [8].

단순히 교회만 다닌다고 해서 신앙인이라 할 수는 없습니다. 무늬만 신앙인이 아니라면 예수님이 재림 때 어떻게 오시는지 알고 있어야 합니다. 예수님이 직접 오시는지 예수님이 보내는

우리들 교회를 보면
"이미 구원받았다."
"구원받기로 예정되어 있다.'등등
성도님들을 안심시키는 교회가
많은데 천국가기는 그렇게 쉽지 않습니다.

천국은 좁고 협착한
길 끝에 있기 때문입니다.
한 학생에게 담임선생님이
"넌 s대학에 꼭 간다."
이 얘기만 되풀이했지 실력을
쌓아주지 않았다면
정말 가겠습니까?
모 집사님께 담임목사님이
"집사님은 천국에 꼭 갑니다."
이 얘기만 되풀이했지 지식을
쌓아주지 않았다면
정말 가겠습니까? /

---

8)계 11:9 백성들과 족속과 방언과 나라 중에서 사람들이 그 시체를 사흘 반 동안을 목도하며 무덤에 장사하지 못하게 하리로다
　10 이 두 선지자가 땅에 거하는 자들을 괴롭게 한 고로 땅에 거하는 자들이 저희의 죽음을 즐거워하고 기뻐하여 서로 예물을 보내리라 하더라

사자가 오신 다음 그와 영으로 함께하시는지 성경대로 알고 있어야 영접할 수 있습니다. 예수님은 '나를 대신하여 내 사자'를 보내겠다고 하셨습니다 (계 22:16).

이러한데도 직접 오시는 예수님을 기다리는, 삐뚜로 가는 교회가 절반이고 그렇지 않은 교회가 절반입니다. 삐뚜로 가는 교회는 아직도 깜깜한 밤길을 가면서 환한 길을 가고 있다고 생각하고 있습니다. 어느 교회를 따라가야 할까요?

/ 천국은 정말 하늘에 있는지, 예수님은 어떻게 다시 오시는지, 나는 자격이 있는지 우리는 '너희'인지 '저희'인지 천국의 12문은 무엇인지 알고 준비할 것이 많습니다.

천국 갈 거라고 믿고 있다가 그때 가서 이를 갈며 슬피 울 때가 많다고 했잖습니까. (마24:51, 마25:30, 눅13:28).

성경에 대해서 모르는 지금, 내 모습 내 수준으로 꼴찌로도 합격만 한다면 좋겠지만…

천국은 호락호락 주방봉사나 헌금 많이 낸다고 합격되는 곳이 아닙니다(호 6:6).

유명한 목사님 밑에 있어도 자기 실력 없으면 자기만 못 갑니다.

교회들이 서로 반대로 달리고 있는데도 관심이 없다면, 예수님을 믿는다면서 예수님의 말씀은 믿지 않는 현상입니다. 나는 예수님을 사랑합니다. 그러나 예수님의 말씀엔 관심 없습니다. 이것이 말이 되나요? 그런 사람은 주기도문처럼 '하늘에 계신 아버지여…'라며 하나님을 아버지라고 부를 자격이 없는 사람입니다.

10. 하늘에 계신 우리 아버지여

우리는 대통령을 잘 아는 것 같지만 대통령은 우리를 전혀 모릅니다.

우리는 하나님을 잘 아는 것 같지만 하나님은 우리를 전혀 모릅니다.

'그래도 하나님은 나를 아시겠지' 우리의 짝사랑입니다.

짝사랑의 상대방은 나를 모릅니다. 우리가 어찌해야 하나님과 가까워질까요?

하나님의 쓰인 말씀을 지녀야 하나님의 마음이 내게 오십니다.

말도 안 통하는 이웃집에 여러분은 놀러가고 싶으세요?

'하늘에 계신 우리 아버지여….'(마 6:9)

이 말은 주기도문 서두로 교인들이 매일 외우는 구절입니다.

하나님께 아버지라고 부를 자격은 어떻게 주어질까요?

교인이 되면 그렇게 부를 수 있나요?

천주교인이 되려면 수 개월간 교육을 받아야 하고 개신교인이 되려면 아무 교회에나 가면 그 날로 됩니다.

하나님의 자녀 되기가 불공평해 보입니다.

교회는 크고 으리으리한 곳도 많고 지하실에 작고 가난한 곳도 많습니다.

아무 데나 들어가서 교회 명부에 이름 올리고 그날부터 '하나님 아버지' 하고 기도하면 될까요?

그것은 신도를 끌어모으는데 급급한 목자님들의 변명이고

우리들의 착각일 뿐 하나님께서 인정하신 방법이 아닙니다.

세상의 아버지를 부르려면 아버지의 씨를 지녀야 하듯이
하나님을 아버지라 부르려면 하나님의 씨를 지녀야 합니다.
그러면 하나님의 씨는 무엇일까요? 하나님의 씨는 말씀입니
다(눅 8:11)[9]. 씨인 말씀을 지녀야 하나님의 자녀가 될 수 있습니
다. 예수님 초림 때, 당시의 목자들이 '하나님 아버지' 하고 기도
했지만 예수님께서는 내 아버지는 너희를 모른다고 하셨고
"이 독사의 새끼들아. 너희 아비는 마귀다."라며 심한 욕설
까지 하셨습니다(마 23:33 [10], 요 8:44 [11]).
하나님 잘 믿는다며 거룩한 척 점잔 빼던 종교지도자들에게 청
년 예수께서 '독사의 새끼들아.' 하며 거침없이 퍼부으신 것입니다.
예수님이 보시기에 그 당시의 목자들이 얼마나 미웠으면 격분하셨
을까요.

그들은 하나님을 팔아 사리사욕을 채우던 삯군 목자였습니
다. 장사꾼들과 짜고 예루살렘 성전을 썩은 시장으로 만든 자

---

9) **눅 8:11** 이 비유는 이러하니라 씨는 하나님의 말씀이요

10) **마 23:33** 뱀들아 독사의 새끼들아 너희가 어떻게 지옥의 판결을 피하겠느냐

11) **요 8:44** 너희는 너희 아비 마귀에게서 났으니 너희 아비의 욕심을 너희도 행하고자
하느니라

들이었습니다.

그런데 예수님의 재림은 초림 때와 같다고 했습니다 (눅 17:26~30) [12]. 오늘날 종교세상이 얼마나 혼탁합니까.

'하나님 아버지….' 하고 기도하지만 너희 아비는 마귀라고 예수님께서 책망하실 교인들이 무척 많다는 것입니다. 하나님의 씨도 없는 교인들이 자기 착각 속에 기도하지만 하나님은 그들과 상관없고 그 기도는 상달되지 않습니다.

신앙인은 하나님의 씨를 지녀야 자녀가 됩니다. 그래야 '아버지 하나님이여….' 하며 기도할 자격이 있습니다.

---

12) **눅 17:26** 노아의 때에 된 것과 같이 인자의 때에도 그러하리라…

　　　28 또 롯의 때와 같으리니 사람들이 먹고 마시고 사고팔고…

　　　30 인자의 나타나는 날에도 이러하리라…

11. 하나님의 씨를 지닌다는 것은 무슨 뜻일까요?

하나님의 씨를 지닌다는 것은 하나님의 말씀으로 인(印)을 맞는다는 것입니다.

하나님의 도장을 맞는다는 것은 하나님의 소유임을 뜻합니다.

예수님은 하나님의 인을 맞은 목자(요 6:27)이듯 우리도 하나님의 인을 맞은 성도가 되어야 합니다.

하나님의 도장을 맞은 사람만이 하나님의 소유가 되고 그래야만 하나님께 인정받는 사람이 될 수 있습니다.

● 시편 23편

전라도 버전-

아따! 여호와가 시방 나의 목자신디 나가 부족함이 있겄냐?

그분이 나를 푸른 초장으로 뉘어불고 내 뻐친 다리 쪼매 쉬게 할라고 물가시로 인도해뿌네(어쩌스까! 징한거…)

내 영혼을 겁나게 위할라고 올바러븐 길가로 인도해뿌네 나가 산꼬랑까 끔찍한 곳에 있어도 겁나불지 않는 것은

주의 몽댕이랑 짝대기가 쪼매만한 일에도 나를 지켜준다 이거여 ✐

하나님은 말씀이시고(요 1:1), 하나님은 성령이시니(요 4:24), 내 안에 하나님의 말씀이 있어야 성령이 임합니다.

말씀을 지녀야 할 사람은 목자뿐만 아니라 성도까지입니다.

내 안에 말씀이 없다는 것은 목자에게 배우지 못했기 때문입니다.

목자가 말씀으로 성도들을 양육시키지 못한 것은 그 목자에게 말씀이 없기 때문입니다.

목자에게 말씀이 없는 것은 목자가 나온 신학교에 말씀이 없기 때문입니다.

> ✎ 아따! 주께서 저 싸가지 없는 놈들 앞에서 내게 밥상을 챙겨주시고
> 내 대그빡에 지름칠해 주싱께로 참말로 나가 기뻐불그마이~
> 나가 사는 동안 그분의 착하심과 넓어브런 맴씨가 나를 찡하게 따라당깅께로
> 나가 어찌 그분의 댁에서 묵고 자고 안하겠냐···*··*
> 아멘~··

신학교라고 해서 모두 말씀(성령)이 충만하다고 볼 수 없는 이유입니다.

내가 말씀을 지니려면 말씀을 통달한 목자를 만나야 합니다(요 3:31~34) [13].

---

13) **요 3:31** 위로부터 오시는 이는 만물 위에 계시고 땅에서 난 이는 땅에 속하여 땅에 속한 것을 말하느니라 하늘로서 오시는 이는 만물 위에 계시나니
32 그가 그 보고 들은 것을 증거하되 그의 증거를 받는 이가 없도다
33 그의 증거를 받는 이는 하나님을 참되시다 하여 인쳤느니라
34 하나님의 보내신 이는 하나님의 말씀을 하나니 이는 하나님이 성령을 한량 없이 주심이니라

12. '말씀을 통달한 목자'는 어떤 분을 말할까요?

말씀을 통달한 목자는 예수님같이 성경을 꿰뚫고 성경책 없이 성경구절을 엮어 설교할 수 있는 목자입니다.

예수님같이 걸어 다니는 성경체를 찾아야 합니다.

세상에 그런 목자가 있을까 하지만 없으면 보일 때까지 찾아보아야 합니다.

구약은 하나님이 이 세상에 예수님을 보낼 것을 약속했고

신약은 예수님이 이 세상에 그의 사자를 보낼 것을 약속했습니다.

예수님은 하나님께 말씀을 받아 인침 받은 목자이며(요 6:27) [14]

'그의 사자'는 예수님께 말씀을 받아 인침 받은 목자입니다 (계 10장).

---

14) **요 6:27** 썩는 양식을 위하여 일하지 말고 영생하도록 있는 양식을 위하여 하라 이 양식은 인자가 너희에게 주리니 인자는 아버지 하나님의 인 치신 자니라

말세엔 '내가 예수님의 사자'라고 주장하는 사람이 많을 것이라고 예언되어 있듯이 사이비 목자도 많습니다.

그러나 그의 사자는

증험과 성취함을 갖고 있어야 합니다(신 18:22) [15].

'예수님의 사자'는 성경의 예언대로 왔다는 증거와 그 예언대로 이루어진 일들을 설명할 수 있어야 합니다.

한마디로 '예수님이 보내신 사자'라는 증거를 보여야 합니다.

그는 걸어 다니는 성경이므로 만나보면 단번에 알 수 있습니다.

---

15) **신 18:22** 만일 선지자가 있어서 여호와의 이름으로 말한 일에 <u>증험도 없고 성취함도 없으면</u> 이는 여호와의 말씀하신 것이 아니요 그 선지자가 방자히 한 말이니 너는 그를 두려워 말찌니라

하나님께서 "내 백성이 지식이 없으므로 망하는도다(호 4:6)." 고 하셨으니, 이 지식은 성경 말씀을 두고 하신 말씀이다.

그러므로 성경 지식이 없어 계시록을 가감하면 천국에 가지 못한다고 한 것이다. 몰라서 가감했는지도 모르면 안 된다. 배워야 한다.

배워서 남도 줘야한다.

성경의 오해

성경의 오해

1. 아, 아우슈비츠

아우슈비츠 포로수용소, 이 끔찍한 역사의 현장은 수도가 바르샤바로 옮겨지기 전까지 500여 년간 폴란드 정치·문화의 중심지였던 크라쿠프 서쪽에 있다. 2005년 필자는 세계문화유산인 소금광산과 아우슈비츠를 같은 날 가볼 기회가 있었다. 찾아가는 길은 폴란드가 전형적인 농업국가임을 잘 보여주고 있었다. 땅은 우리나라의 3배나 되지만 인구는 우리의 ⅓밖에 안 되는 나라, 게다가 90%가 평지인 나라, 농토에 비료를 쓰지 않고 휴식년제를 꼭 지킬 만큼 옥토가 풍부한 나라를 보았다. 이 순박하고 풍요로운 나라가 한 미치광이에 의해 짓밟힌 흔적을 보러 가는 길. 그 음울한 길 위에서도 넓은 옥토에 대한 부러움은 발끝을 떠나지 않았다.

폴란드는 암울했던 상처를 잊지 않기 위해 당시 포로수용소 중에 하나를 박물관으로 보존하고 있다. 그곳이 아우슈비츠 수용소이다. 날씨는 매우 음산했고 관람객들의 표정은 서양인이나 동양인이나 노인이나 젊은이나 모두 침울하였다. 그들은 모두 아우슈비츠에 도착하기 전에 수용소의 내력을 듣고 찾아오기 때문이리라. 이 수용소 안에서 짐승처럼 죽어간 사람들이 150만~600만으로 추산된다고 하였다. 죽은 사람 숫자에 차이가 큰 것은 가해자와 피해자의 주장 차이인데 유태인들의 주장이 600만 명이다. 이 숫자는 당시 유럽 전체 유대인의 80%나 된다. 그러나 가해자의 수치 150만 명만 생각하더라도 상상이 안 되는 끔찍한 숫자이다. 그런데 600만 명이라니.

천 명의 시체, 너무 끔찍하다. 만 명의 시체, 상상조차 안 된다. 도살장의 짐승으로도 그려낼 수 없다. 그런데 그 만 명의 시체가 수백 더미씩 사라졌다니 어찌 그릴 수 있겠는가. 사람의 머리카락만 가득 쌓여 있는 유리 창고를 보았다. 머리카락의 무게가 7톤이란다. 그러나 그것도 극히 일부라는 설명을 들었다.

그 머리카락으로 직조한 천으로 옷을 지어 입었다니. 수북한 독가스 깡통, 녹슬고 엉켜있는 수천 개의 안경테, 신발, 의수족, 머리빗, 보온병 등 그들의 생필품을 보면서 처참한 생각이 앞섰지만 같은 시기에 일제치하에 있던 우리 조상보다 훨씬 문명생활을 한 민족임도 쉽게 알 수 있었다. 벽보로 걸린 커다란 사진들 중엔 잠시 후 처형당할 사람들의 눈망울이 나를 보고 있다.

한 치 앞의 미래도 모르는 사람들이 목욕탕 앞에 줄을 지어 서 있고 목욕을 마친 그들은 가스실에 들어가 죽었다. 목욕탕 앞에 서 있는 사람들 중에 죽기 위해 목욕을 하는 것이라고 아는 사람은 한 명도 없었으리라. 우리나라에 짚신이 있던 시절에 보온병을 썼던 문명인들이 강제노동과 굶주림, 지옥 같은

환경에 넋을 잃고 애절한 눈으로 나를 보고 있었다. 사진을 보다가 나는 그중 한 인물이 되어본다.

1944년 6월, 나비넥타이를 맨 나는 파리의 초등학생이다. 아버지가 정치범으로 몰려 고생하던 중 잠시 여행할 곳이 있다며 온 가족이 집을 나섰다. 같이 가는 삼촌 부부는 새로 살 곳에 대한 기대에 부풀어 즐겁게 짐을 꾸렸다. 짐이라야 당장 며칠 쓸 물건과 귀중품뿐이었겠지만. 그러나 레옹 역에서 기차를 탄 날 바로 우리는 좋은 곳으로 여행 가는 것이 아님을 알았다. 타는 승객들은 매를 맞으며 밀려 타는 사람이 많았고, 그들은 범죄자, 집시, 동성연애자, 여호와의 증인 등이라고 했다. 우리는 아무것도 먹지 못하고 열차에 갇혀있었다. 열차는 밤낮없이 달렸고 콩나물처럼 실린 사람들은 옴짝달싹도 할 수 없어 서서 용변을 보았다.

냄새와 신음소리와 암흑과 굶주림 끝에 14일 걸려 도달한 곳이 오스비에침(Oswiecim), 기차 문이 열리자 우리는 눈이 부셔 아무도 내릴 수 없었다. 채찍에 끌려 내린 사람이 3/4, 못 내린 사람들은 도중에 이미 죽은 사람들이다. 내린 사람들도 모두 물을 찾으며 쓰러졌다. 나도 가까스로 목을 축인 뒤에야 삼촌과 엄마가 서서 죽은 걸 알았다.

우리는 처음에 비르케나우 수용소에 배치되었다가 차로 10분 거리에 있는 아우슈비츠 수용소로 분리되었는데 비르케나우는 아우슈비츠의 20배가 넘는 크기 수용소였다.

'노동이 너희를 자유케 한다.'고 쓰인 아우슈비츠 정문을 통과하자마자 우리들 중 노인과 환자와 어린아이가 분류되었다. 아버지와 숙모는 가방과 소지품을 빼앗기고 다른 기숙사로 분리되었고 노인과 환자는 목욕탕으로 향하는 줄에 섰다. 장교 하나가 노인과 환자는 우대 차원에서 먼저 휴식을 한다고 외친 말에 마음 놓고 목욕을 마친 그들은 가스실로 직행했다. 가스 독살은 가장 적은 돈으로 생명을 죽일 수 있는 방법이란다. 그들은 대변과 하혈을 쏟아내며 고통 속에 서로를 물어뜯고 신음하다 20분 만에 시체로 나왔다. 노동력이 없는 사람들은 식량을 줄 수 없었기 때문에 살려둘 수 없다는 것이다.

시체들은 반지, 금니 등을 착취당하고 머리카락을 잘린 뒤에 바로 옆방에 위치한 화장터에서 태워졌다. 머리카락은 알레르기 없는 고급 직물 직조에 쓰였다니 그곳은 가히 시체처리공장이라 불릴 만큼 생지옥이었다. 생지옥 앞에서 장교 하나가 노동력이 있는 사람과 없는 사람을 나누고 있었는데 어느 쪽으로 분류되는 것이 그나마 다행이라고 말할 수 있을까. 결코 살아있는 사람들이 운이 좋다고 말할 수 없을 만큼 그들은 혹독한 노동과 인간 이하의 취급을 받으며 생지옥을 걷다 죽어갔다.

나는 1945년 1월 폴란드를 점령한 소련군에 의해 극적으로 구조되었다. 그때 우리 어린 친구들은 20~30명씩 수용되어 배고픔을 참고 있었지만 서넛씩 없어졌을 때는 더 큰 수용소로 갔다고만 들었다. 그곳은 배는 안 고픈 곳이라는 소리에 우리도 빨리 차출되기만 기다렸었다. 더 커다란 수용소, 배는 안 고픈 곳, 그곳은 생체 실험실이었다.

실험도구로 쓰인 우리 어린 친구들이 10만이 넘는다는 얘기는 전쟁이 끝난 뒤 기록을 보고 알았다. 인산인해人山人海라고 했듯이 10만, 10만이라는 인파는 얼마만한 산을 이룰 수 있을까? 사람이 만든 전쟁이 끝나지 않았다면 그곳이 지옥보다 나았을까 지옥이 나았을까.

2014년, 브라질월드컵을 준비하는 나는 올해 나이 80이다. 그러나 아직도 하고 싶은 일이 많다. 나의 친구들은 탈무드로 길들여졌고 나의 조상들은 하나님께서 택한 백성이라는 선민의식을 가지고 성경을 매일 보며 살았지만 짐승보다 못하게 죽어갔다. 40년도 아닌 400년간 애굽에서 종살이를 했고 그 후에도 오랜 세월 유랑을 하다가 기적적으로 나라를 다시 세웠지만 현재에도 전쟁이 끊이지 않는 민족, 우리는 과연 아직도 선민인가. 우리는 예수가 그리스도임을 아직도 믿지 않는다. 하나님이 우리를 버렸을까 우리가 하나님을 오해했을까 곰곰이 생각해볼 일이다.

2. 하나님을 오해하면

하나님을 오해하고, 그분의 말씀인 성경을 이해하지 못하면 이스라엘 민족처럼 예수님을 핍박하고 죽인 길을 가게 됩니다. 신앙의 길을 삐뚜로 가도 알 수 없고 하나님의 길을 거꾸로 가면서도 모릅니다. 오늘날 많은 사람들이 '내 신앙이 설마 잘못됐을까.' 하며 자신만만하게 가고 있지만 한 번쯤 돌아보아야 합니다.

우리가 2000년 전 이스라엘에 태어났다면 예수님 편에 섰을까 반대편에서 조롱을 했을까 겸허하게 생각해보아야 합니다. 그들의 신앙적 열심이 우리보다 못해서 죽인 것이 아닙니다. 그들의 신앙자세는 우리보다 훨씬 나았으나 성경을 이해하지 못하고 있었기에 예수님을 이단으로 몰아 죽인 것입니다. 아직도 그들은 예수님을 인정하지 않습니다.

이 무서운 역사는 오늘날에도 되풀이될 것이라고 성경엔 예언되어 있습니다(눅 18:8) [16]. 성경에 관한 오해는 비유를 모르는 데서 시작됩니다. 비유를 모르는 목자가 성경을 전할 때 모른다고 할 수 없으니 제각각 지어낸 이야기, 즉 거짓말을 하게

---

16) 눅 18:8 내가… 속히 그 원한을 풀어 주시리라 그러나 인자가 올 때에 세상에서 믿음을 보겠느냐 하시니라

되는데 듣는 사람도 모르기 때문에 그대로 전파되는 현상이 과거나 현재나 똑같이 일어나고 있습니다.

비유를 모르는 수많은 교회에서 예수님은 다시 오실 때 눈으로 볼 수 있게 오신다고 합니다. 마치 홍길동처럼 구름 타고 오시는 예수님을 기다리기도 합니다. 그것은 대단히 잘못된 오해입니다. 구름은 돌멩이 하나도 나를 수 없으며 상식적으로도 맞지 않는 거짓말입니다. 하나님과 예수님은 영적 존재이며 성령체로 임하시기 때문에 직접 볼 수도 없습니다.

구약 끝에 하나님은 하나님의 사자(예수)를 보내시고 성령으로 그와 함께하셨듯이

신약 끝에 예수님은 예수님의 사자(대언자)를 보내시고 성령으로 그와 함께하신다고 하였습니다.

어쨌든 오늘날의 교회들은 예수님이 다시 오실 때 볼 수 있게 육적 모습으로 오신다와 볼 수 없게 영적 모습으로 오신다로 크게 나뉘어 있습니다. 이 나뉨은 무척 중요한 문제인데 성경에 관한 오해는 이렇게 우리를 정반대로 달려가게 합니다. 두 해석 중 한 축은 하나님의 길을 거꾸로 가고 있으며 다시 오시는 예수님을 알아볼 수 없기 때문에 영접할 수도 없습니다. 초림 때도 극소수를 제외한 모든 목자들이 예수님을 알아보지 못했듯이 재림 때도 똑같다고 하셨습니다(눅 18:8).

3. 성경과 비유

TV 광고에 이런 거 보셨지요?

"여인은 한 달에 한 번 마법에 빠집니다… 그날이 와도 깨끗해요."

어른들은 무슨 광고인지 알지만

아이들은 무슨 광고인지 모릅니다. 백번을 봐도 모릅니다.

같은 교회 안에도 심령이 어린 신도와 장성한 신도가 있습니다.

위의 광고를 어린아이는 무슨 뜻인지 모르듯이

성경의 비유도 영적으로 어린 신도는 알 수 없습니다.

마태복음 24장엔 무시무시한 예언들이 있습니다. 민족과 민족이, 나라와 나라가 싸울 것이며 거짓 그리스도가 판을 치겠고,

해 달 별이 어두워지고 떨어질 때 주님이 다시 오신다고 예언하셨습니다.

이 예언에 대해 세상의 많은 목자들은 세계 3차 대전이나 핵전쟁으로 지구

가 멸망한다고 풀이합니다. 이것은 문자적으로만 성경을 읽은 결과입니다. 해와 달이 지금보다 조금만 어두워져도 지구는 파멸됩니다. 전쟁까지 할 필요도 없습니다. 별이 축구공만하다고 가정한다면 지구는 콩알만 한데 무수한 축구공들이 콩알 어디로 떨어질 자리가 있을까요? 그것이 역사라면 요한계시록 6장에서 지구는 없어집니다. 그러나 요한계시록 7장엔 무수히 많은 사람들이 나옵니다. 당장 거짓말이 들통 나지요. 예수님은 항상 영적인 말씀만 하셨듯이 위 전쟁은 육적인 전쟁이 아니라 종교 교단 간의 싸움을 예언하신 것이며 '해, 달, 별'은 육적인 해, 달, 별을 말씀하신 것이 아닙니다.

그러나 비유를 모르는 목자들은 진짜 해 달 별로 설명하고 있습니다. 해는 빛의 발하는 목자, 달은 빛을 받아 전하는 전도자, 별은 그 빛을 받은 성도를 의미합니다. 해 달 별이 어두워지고 떨어짐은 종교세상의 타락과 부패를 말하며 이 어두운 종교세상의 종말 때 예수님은 심판과 구원을 위해 오신다는 뜻입니다.

예수님 당시의 제자들도 비유로 숨긴 말들을 다 알지는 못했습니다.

'눈먼 자는 눈 뜨고 귀 있는

자는 들을지어다.'

이 말씀을 자주 하셨지만 장님과 귀머거리에게 하신 말씀이 아닙니다. 성경을 보아도 모르고 들어도 못 깨닫는 사람을 비유한 말입니다.

'땅이여 들어라 하늘이여 귀를 기울이라.'도 자주 말씀했지만 땅과 하늘에 무슨 귀가 있나요? 예수의 제자들도 어렵게 왜 비유로 말씀하시냐고 따졌을 때 알아들어야 할 무리와 알아들어선 안 될 무리가 있기 때문이라고 말씀하셨습니다(마13:11)[17].

천국 비밀은 비유가 아니면 아무 말씀도 하지 않은 이유가 여기에 있습니다. 예수님의 설교를 같이 들어도 몰라야 할 무리가 많았기 때문입니다. 예수님의 말씀은 광고의 비유처럼 뜻이 숨어있어서 영이 어린 사람들은 암만 들어도 알 수 없습니다. 그러면 성경을 바르게 보는 예를 몇 가지만 소개하겠습니다.

---

17) **마 13:11** 대답하여 가라사대 천국의 비밀을 아는 것이 너희에게는 허락되었으나 저희에게는 아니 되었나니

4. 아기예수를 경배한 동방박사는
   세 사람인가요?

〈삐뚜로 교회〉 동방박사는 세 사람이다.
〈똑바로 교회〉 동방박사는 여러 사람이다.

'아기 예수를 경배한 동방박사 세 사람'은 맞는 말일까요?

동방박사가 세 사람이라는 얘기는 성경 어디에도 없습니다.

그건 영화를 만든 감독이 쓴 배우가 세 명이어서 나온 말입니다.

이런 사실들은 사소한 문제라고 생각할 수도 있습니다.

그러나 성경은 어느 누구도 가감할 수 없다 하셨으므로 성경대로 따라가는 신앙이 중요함을 말씀드리고자 합니다.

영화감독은 믿고 성경은 믿지 않는 풍토가 위험하기 때문입니다.

성경에 추측을 추가하거나 자기 편의적으로 해석한 데서 사이비 종교가 나오고, 서로 싸우고 당을 지어온 일은 목자와 신도들이 성경을 몰랐기에 일어난 일입니다.

한 초등학교 시험에 '다음 중 가구가 아닌 것은?'이란 문제가 나왔습니다. 네 개의 보기(식탁, 책상, 침대, 전화기) 중에서 전화기가 정답이죠? 그런데 침대라고 답을 써서 틀린 학생이 의외로 많았습니다.

그것은 '침대는 가구가 아닙니다. 과학입니다.'라는 TV 광고 때문이었는데 우리는 그 아이들과 무엇이 다르겠습니까. 매스컴은 믿고 성경은 안 믿는 우리의 신앙 자세는 매우 위험합니다.

5. 속옷까지 주라

[눅 6:29] 네 겉옷을 빼앗는 자에게 속옷도 주라.

본문 말씀엔 무슨 뜻이 있을까요?

여기서 '속옷도 주라'는 시장에서 사다 주라는 뜻일까요?

아니면 장롱에서 꺼내주라는 뜻일까요?

아닙니다. 벗어주라는 뜻입니다.

남이 입던 속옷을 누가 입습니까. 예수님께서 설마 입던 속옷까지 돌려 입으라고 가르치셨을까요? 아닙니다. 그래서 성경에서의 '옷'이 무슨 뜻인지 알아야 합니다.

요한계시록 19장 8절에선 세마포를 옳은 행실이라 하셨고

요한계시록 7장 14절에선 어린 양의 피에 옷을 씻어 희게 하였느니라 하는 말씀이 나옵니다. 피에 옷을 씻는데 어떻게 옷이 희게 될까요? 성경에서의 옷은 그냥 옷이 아니라 행실과 말씀을 비유한 말입니다. 깨끗한 옷이나 흰 옷을 입어라 하면 행실과 말씀을 갖추라는 뜻입니다. 그러니까 성경에서의 '겉옷'은 누구나 쉽게 아는 교훈적인 말씀을 뜻하고 '속옷'은 속뜻이 비유로 숨겨진 말씀을 뜻합니다.

교훈적인 말씀은 '서로 사랑하라' '죄 짓지 마라' 등 누구나

할 수 있는 설교이지만 비유로 숨긴 말씀은 옷을 옷이라 풀지 않고 옷을 말씀으로 푸는 설교입니다.

그러니까 '겉옷을 빼앗는 자에게 속옷도 주라' 함은 자비와 사랑을 베풀라는 뜻이라고 가르치면 그는 몽학선생(갈 3:25 [18] 초등선생)에 지나지 않습니다. 교훈적인 말씀을 베껴가는 자에게 비유로 숨긴 뜻까지 알려주라는 말씀입니다. 성경의 '옷'을 옷이라 풀지 않는 목자를 찾아야 합니다.

〈삐뚜로 교회〉 한없는 자비와 사랑을 베풀라고 가르칩니다.
〈똑바로 교회〉 말씀을 훔쳐다가 행세하는 사람에게 속뜻도 알려주라고 가르칩니다.

---

18) **갈 3:25** 믿음이 온 후로는 우리가 몽학선생 아래 있지 아니하도다

6. 네 오른 눈을 빼어버리라

[마5:29] 만일 네 오른 눈이 너로 실족케 하거든 빼어 내버리
라 네 백체 중 하나가 없어지고 온몸이 지옥에 던지
우지 않는 것이 유익하며

이 말씀은 '네 오른 눈이 죄를 범하면 빼어 내버리라 눈 하
나 없어지고 온몸이 지옥에 던져지는 것을 막을 수 있다면 그
렇게 하라'는 뜻입니다. 정말 그럴 수만 있다면, 눈 하나 없애
서 지옥행을 막고 천국 갈 수 있다면 누구나 그리하겠지요.

그런데 여기서 '눈'은 문자 그대로의 눈을 말할까요? 성경
은 그렇게 1차원적인 얘기가 아닙니다. 생각해 보십시오. 눈
하나 뺀다고 지옥에 갈 죄인이 천국 가겠는가.

그렇다면 오른 눈이 죄를 범할
때 왼 눈은 안 할 사람이 있을까요?
지구 상에 그런 사람은 없습니다. 있
을 수도 없습니다. 그래서 오른 눈을
빼어버릴 때 왼 눈도 빼어버려야 맞
습니다.

그러므로 성경에서 '눈'은 우리

눈을 말함이 아닙니다. 또 오른쪽은 방향을 말함이 아닙니다. 예수님이 '하나님 우편'에 계신다고 해서 오른쪽에만 계실까요? 아닙니다. '우편'과 '오른'의 뜻은 오른팔 역할을 하는 우군을 설명하는 것입니다. 오른 눈을 오른쪽 눈으로 푸는 우매한 목자를 빨리 빼내 버려야 합니다.

성경에서의 눈은 아래 문구와 같이 선지자를 말합니다. 즉 눈은 목자를 가리킵니다.

> [사 29:10] 대저 여호와께서 깊이 잠들게 하는 신을 너희에게 부어 주사 너희의 눈을 감기셨음이니 눈은 선지자요 너희 머리를 덮으셨음이니…

그러므로 몸 전체가 교회라면 목자는 눈 역할을 하고 성도들은 지체 역할을 하므로 성경에서의 '눈'은 목자를 말합니다.

> [마 6:22] 눈은 몸의 등불이니 그러므로 네 눈이 성하면 온몸이 밝을 것이요 23 눈이 나쁘면 온몸이 어두울 것이니

이 성구도 문자 그대로 보면 말이 안 됩니다. 눈이 성한 것과 온몸이 밝은 것은 관계가 없습니다. 교회 목자가 성하면 성도들이 빛이 되어 밝을 것이요 목자가 말씀에 어두우면 성도들에게 빛이 없을 것이란 말입니다.

그러므로 잘못된 목자를 따라가면 어두운 지옥에 빠진다는

경고입니다. 여기서 잘못된 목자는 서두에서와 같이 '오른 눈'을 그냥 '오른쪽 눈'으로 가르치는 목자들입니다. 성경의 비유도 모르고 그냥 문자대로만 알면서 '나는 다 알며 유식하노라' 하는 목자들은 알고 있는 것도 빼앗긴다고 말씀하셨습니다 (눅 8:18) [19].

'눈이 죄를 범하면 빼어 내버리라.'

='목자라도 어두우면 당장 빼내버리라.'

〈삐 교회〉 문자 그대로 '눈이 죄를 범하면 빼내버리라'고 가르칩니다.

〈똑 교회〉 목자라도 빛의 말씀이 없으면 당장 교체해버리라고 가르칩니다.

---

19) **눅 8:18** 그러므로 너희가 어떻게 듣는가 스스로 삼가라 누구든지 있는 자는 받겠고 없는 자는 그 있는 줄로 아는 것까지 빼앗기리라

7. 소경이 소경을 인도하면

'소경이 소경을 인도하면

둘이 다 구덩이에 빠지리라.'(마15:14)

이 말씀엔 무슨 뜻이 있을까요?

교회에 오래 다닌 사람도 이 말뜻을 모르는 이가 많습니다.

뿐만 아니라 무슨 말인지 관심조차 없는 분도 많습니다.

소경이 소경을 인도하는 일은

이 지구촌에선 있을 수 없는 일입니다

훈련받은 개가 소경을 인도하는 일을 있으나

소경이 소경을 인도하는 일은 없습니다.

그러면 성경엔 왜 이 말씀이 있을까요?

성경에서의 소경은 장님을 말하는 게 아니라

성경을 읽어도 그 뜻을 모르는 자를 소경이라 했습니다

(마 23장) (계 3:17~18).

성경은 항상 영적인 얘기이므로

문자 그대로만 읽어선 속뜻을 알 수 없습니다

자신이 소경이라고 고백하는

겸손한 자는 눈뜰 때를 만날 수 있으나

'나는 다 안다'고 교만에 찬 사람은

소경을 면할 수 없다는 말씀을 기억해야 합니다.

이미 2000년 전에 예수님이 예언하셨습니다.

'내가 떠나면 밤이 계속되고 소경목자가 난립할 것이다.'

(요 9:4~5) [20]

밤이 계속된다는 말은 빛의 사자가 떠난 뒤

빛의 말씀을 전하는 목자가 없어서 어둡다는 뜻입니다.

[요 9:39] 예수께서 가라사대 내가 심판하러 이 세상에 왔으니 보지 못하는 자들은 보게 하고 보는 자들은 소경 되게 하려 함이라

들고 있던 바리새인들이 "우리도 소경인가?" 하고 물었습니다. 예수께서 가라사대 "너희가 소경임을 인정하였더라면 죄가 없을 텐데 본다고 하니 너희 죄가 그저 있느니라."(요9:41)고 답했습니다.

오늘날 목자들의 고충도 여기에 있습니다. 영험하지도 않고 영적 은혜도 없는데 은혜받은 척해야 하는 일, 매주 설교준비에 진땀을 빼거나 남의 설교를 베끼는 일 등에 한계를 느껴

---

20) **요 9:4** 때가 아직 낮이매 나를 보내신 이의 일을 우리가 하여야 하리라 밤이 오리니 그
때는 아무도 일할 수 없느니라
5 내가 세상에 있는 동안에는 세상의 빛이로라

목회를 접는 목자들도 많습니다.

누가복음 16장 3절에 땅을 파자니 힘이 없고 빌어먹자니 부끄러워 목자 노릇을 그만두지 못한다는 말이 있는데 목회를 접고 택시 운전을 하는 사람들은 그나마 양심이 남아 있는 사람들입니다

[눅 16:3] 청지기가 속으로 이르되 주인이 내 직분을 빼앗으니 내가 무엇을 할꼬 땅을 파자니 힘이 없고 빌어먹자니 부끄럽구나.

〈삐 교회〉 자기가 소경인 것을 모르고 문자 그대로 가르칩니다.

〈똑 교회〉 비유를 모르는 소경 목자를 따라가는 소경 성도가 되지 말라고 가르칩니다.

8. 아이 밴 자와 젖 먹이는 자

마태복음 24장 19절엔 '그 날에 아이 밴 자와 젖 먹이는 자에게 화禍가 있을 것이라.'고 하셨습니다. 왜 화가 있는가? 이에 대해 일반 목자들은, 마지막 때는 전쟁이 있는데 피난 여행 중에 아이를 배거나 젖 먹이는 애가 딸려 거동이 불편한 자는 화를 입는다고 설명합니다. 그러면 믿는 여자들 중 처녀만 구원받는 것인가? 결혼을 하지 말라는 뜻인가? 또 요한계시록 14장[21]에는 구원받을 자들이 '여자에게 더럽히지 않은 자'라 하였으니, 믿는 총각만 구원받는단 말인가? 생각해보아야 합니다.

사도 바울은 갈라디아서 4:19에 '해산하는 수고 [22]'를 한다 하였고, 디모데를 '자기의 아들'이라 하였으며(딤전 1:2, 18, 딤후 1:2) [23], 고전 3:2에는

---

21) **계 14:4** 이 사람들은 여자로 더불어 더럽히지 아니하고 정절이 있는 자라

22) **갈 4:19** 나의 자녀들아 너희 속에 그리스도의 형상이 이루기까지 다시 너희를 위하여 해산하는 수고를 하노니…

23) **딤전 1:2** 믿음 안에서 참 아들 된 디모데에게 편지하노니…
    18 아들 디모데야 내가 네게 이 경계로써 명하노니…
    딤후 1:2 사랑하는 아들 디모데에게 편지하노니…

성도들을 '젖으로 먹였다.'고 하였습니다 [24]. 바울은 장가도 가지 않은 총각이며, 여자가 아닙니다. 남편격인 하나님의 씨를 받아서 영적 자녀를 낳고 양육하는 목자를 여자라고 비유한 것입니다. 그러므로 본문에서 말하는 '아이 밴 자'는 예루살렘에서 하나님의 말씀의 씨를 가진 목자를 말씀하신 것이며, '젖 먹이는 자'는 하나님의 영의 씨로 난 자들에게 신령한 젖(벧전 2:2) [25] 곧 말씀을 먹이는 목자를 두고 하신 말씀입니다.

이 참뜻을 알지 못하고, 전쟁을 육적 전쟁으로, 그리고 '아이 밴 자와 젖 먹이는 자'를 육적인 여자로 가르치는 목자는 성경을 전혀 이해하지 못한 사람입니다.

〈삐 교회〉 문자 그대로 아이 때문에 거동이 불편한 여자가 화를 당한다고 가르칩니다.

〈똑 교회〉 '여자'는 남편격인 하나님의 씨를 받아 자녀를 낳고 기르는 목자를 말하므로 말씀도 모르면서 아는 척한 목자는 많은 영을 죽인 대가를 호되게 받는다고 가르칩니다.

---

24) **고전 3:2** 내가 너희를 젖으로 먹이고 밥으로 아니하였노니…

25) **벧전 2:2** 갓난아이들같이 순전하고 신령한 젖을 사모하라…

9. 오늘날의 물세례는 바른 행위일까요?

앞에서 기초적인 비유를 말씀드렸습니다만 '물=말씀, 생명수=생명의 말씀'을 모르는 목자는 세례를 물로 줍니다. 아무 효험도 없는 행사입니다. 물세례는 구약시대의 방식으로서 세례요한까지로 이미 끝이 났고 예수님은 (성령과)불로 세례를 주실 것이라 하셨습니다(눅 3:16) 26).

[마 3:11] 나는 너희로 회개케 하기 위하여 물로 세례를 주거니와 내 뒤에 오시는 이는… 성령과 불로 너희에게 세례를 주실 것이요

그러나 현대의 목자들은 '불'의 뜻을 몰라 다시 구약시대같이 물세례를 주고 있습니다. 성경에서의 '불과 물'이 무엇인지 모르기 때문입니다. 육체를 씻음이 아니라 마음을 씻는 예도 (세례)에 물은 아무 필요도 없습니다. 그러나 사람들은 전통이 그렇고 큰 교회도 다 그런다며 생각 없이 따라갑니다. 천국은 군중들이 몰려가는 넓은 길 끝에 있는 것이 아니라 좁고 협착한 길 끝에 있다는 뜻이 무엇인지 생각해야 합

---

26) **눅 3:16** 요한이 모든 사람에게 대답하여 가로되 나는 물로 너희에게 세례를 주거니와 나보다 능력이 많으신 이가 오시나니 나는 그 신들메를 풀기도 감당치 못하겠노라 그는 성령과 불로 너희에게 세례를 주실 것이요

니다. 전통이 깊다고 성경적인지 진정으로 생각해야 합니다. 마음을 씻는 세례에 정말 실제 물이 필요할까. 예수님이 시작하셨다는 불세례는 무엇일까? 비유를 알면 성경 속의 '물과 불'은 실제 물과 불이 아니라는 것을 알 수 있습니다. 물세례는 세례요한 때 끝난 것이라고 성경은 분명히 말씀하고 있습니다(마 3:11).

물=말씀. 성경에서 물은 말씀을 뜻합니다(신 32:2) [27]. 불=말씀, 불도 말씀을 뜻합니다(눅 12:49) [28]. 예수님은 말씀으로 사람들을 변화시켰고 말씀으로 세례를 주셨지 물세례는 주시지 않았습니다. 물세례는 예수님 이전 세계, 구약시대의 모형과 그림자였고 신약시대엔 물과 세례는 아무 관련이 없습니다.

---

27) **신** 32:2 나의 교훈은 내리는 비요 나의 말은 맺히는 이슬이요 연한 풀위에 가는 비요 채소 위에 단비로다

28) **눅** 12:49 내가 불을 땅에 던지러 왔노니 이 불이 이미 붙었으면 내가 무엇을 원하리요

그런데도 물에 빠졌다 나오는 침례가 옳다, 아니다 간편히 찍어 바르는 세례가 옳다, 아니다 현대에는 스프레이로 뿌리는 게 옳다, 끊임없이 싸워오다가 갈라섰습니다. 사소한 것에 목숨 걸고 싸우다 호적을 파낸 꼴입니다. 장노교, 침노교, 감노교, 교, 교, 교. 교파를 달리한 이들은 처음엔 극심한 앙숙이었고 서로의 목자도 인정하지 않습니다.

정말 하찮은 물 때문에 파벌을 지은 것입니다. 성경실력이 없으면 이렇게 하찮은 거 가지고 싸웁니다. 학교에 갈 때 노란 옷을 입고 가든지 파란 옷을 입고 가던지 중요한 게 아닌데, 노란파 파란파로 갈라선 것과 똑같습니다. 하나님이 보시고 뭐라 하실까요?

구약시대에 사두개파, 바리새파, 에센에파 등으로 나뉘어 싸우다 구세주도 몰라보고 죽이더니 신약시대도 참 하찮은 것 가지고 파벌을 지었습니다. 교회도 신학교도 따로 짓고 아주 싸움이 굉장합니다. 물과 세례는 아무 관계가 없는데도 말입니다.

〈삐뚜로 교회〉 물세례를 받아야 한다고 가르칩니다.
〈똑바로 교회〉 물세례는 허망한 행위라고 가르칩니다.

10. 한쪽은 올라가고 한쪽은 내려오면 어디서 만날까요?

크리스천이 매일 외우는 주기도문은 이렇게 시작됩니다.

'하늘에 계신 우리 아버지여….' Our Father which art in the heaven…. 또 개인적인 기도도 '아버지 하나님….'으로 시작합니다. 그것은 하나님의 자녀가 되었다고 생각하기 때문입니다. 그러나 자녀는 아버지에 관해 잘 알아야 한다는 의무는 생각하지 않는 것 같습니다.

자녀는 죽은 뒤에 그저 하늘 어딘가로 올라가 아버지를 만난다고 생각합니다. 아버지는 이 땅에 내려오시겠다고 했는데도 궁금증은 없어 보입니다.

'뜻이 하늘에서 이룬 것 같이 이 땅에도 이루어지이다.'라고 기도하며 눈을 감고 하늘의 강림을 빌던 자녀는 기도 끝나고 눈만 뜨면 줄기차게 하늘로 올라간다고 합니다.

하나님은 이 땅에 강림하신다고 하는데… 우리는 '내려오실 거 없다고' 자기가 올라간다고 줄기차게 우깁니다. 어디서 어떻게 만날까요? 자녀라면 아버지와 어떻게 만나는지 알아야 할까요, 몰라도 될까요?

예수님은 나를 통하지 않고는 아버지와 만날 자가 없다고

했으므로(요 14:6)
[29] 크리스천은 예
수님의 노정을 정
확히 알아야 예수
님과 하나님을 만
날 수 있습니다.
그러나 이 세상의
교회들은 크게 두
가지로 갈려 있습
니다. 다시 오는

예수님이 사람들의 눈에 보이게 오신다는 교회와 사람들의 눈
으로는 볼 수 없게 오신다는 교회로 나뉘어 있습니다. 이것은
엄청난 차이고 서로 반대 방향으로 달려가고 있는 모순입니다.
그 원인은 성경을 오해한 데 있습니다. 내가 다니는 교회는 성
경을 오해한 곳인가 아닌가, 이제는 돌아보아야 합니다.

많은 교회들이 '볼찌어다 구름을 타고 오시리라 각인의 눈이
그를 보겠고 그를 찌른 자도 볼 터이요…'(계 1:7)를 들어 구름 타고
오시는 예수님을 기다리고 있지만, 그 구절 바로 뒤 '그를 찌른

---

29) **요 14:6** 예수께서 가라사대 내가 곧 길이요 진리요 생명이니 나로 말미암지 않고는
아버지께로 올 자가 없느니라

자도 볼 터이요.'는 설명하지 못합니다. 그를 찔렀던 로마 군병이 잠시 살아나 본다고도 합니다. 또 많은 교회들은 '**인자의 날 하루를 보고자 하되 보지 못하리라. 번개가 비침같이 인자도 자기 날에 그러하리라.**'(눅 17:22~24) [30)] 를 들어 볼 수 없게 영으로 오신다고 합니다. 이는 어느 한쪽은 예수님을 만날 수 없음을 나타내고 있습니다. 예수님 초림 때에 제자들 외엔 아무도 예수님을 알아보지 못했는데 그러한 현상이 재림 때 또 일어날 것을 예고하고 있는 것입니다.

'예수님 다시 오실 때 눈에 보이게 오신다와 볼 수 없게 오신다.'는 대립은 분명히 한 쪽만 맞는 말입니다. 극과 극을 달리한 싸움이 분명한데도 사람들은 관심이 없습니다. 예수님 다시 오실 때 '눈에 보이게 오신다'와 '볼 수 없게 오신다' 의 대립은 분명히 한 쪽만 맞는 말입니다. 예수님 다시 오실 때엔 인터넷 중계를 할 것이라는 교회도 있습니다. 이렇게 비유도 모르고 성경을 문자 그대로 보면서 코미디를 엮고 있는 교회가 내

---

30) 눅 17:22 또 제자들에게 이르시되 때가 이르리니 너희가 인자의 날 하루를 보고자 하되 보지 못하리라

　　23 사람이 너희에게 말하되 보라 저기 있다 보라 여기 있다 하리라 그러나 너희는 가지도 말고 좇지도 말라

　　24 번개가 하늘 아래 이편에서 번뜻하여 하늘 아래 저편까지 비침같이 인자도 자기 날에 그러하리라

가 다니는 교회는 아닌지 돌아보아야 합니다.

〈삐 교회〉 교회만 나오면 구원받고 죽으면 하늘 어딘가로
　　　　　 올라간다고 가르칩니다.
〈똑 교회〉 천국은 주기도문처럼 이 땅에 이루어지는 것이
　　　　　 지 하늘(sky) 어딘가에 이루지는 것이 아니라고
　　　　　 가르칩니다.

11. 예수님은 어떻게 생겼을까요?

눈빛이 남다르고 머리는 금발이고 어딘지 모르게 귀티 나는 호남일까요? 그건 영화를 만든 감독의 생각입니다. 성경에 묘사된 예수는 마른 땅에서 나온 줄기 같이 풍채도 없고 사람들이 얼굴을 가리고 외면할 만큼 멸시를 당하였으며(사 53:2-3) [31] 하룻밤을 유숙하는 거지 같았고 도저히 구원자 같은 모습은 찾아볼 수 없는 외모였습니다(렘 14:8) [32].

33살에 죽었지만 '오십도 못되었는데' 하고 놀림 받을 정도로 겉늙기도 했답니다(요 8:57) [33]. 배움도 없고 볼품없는 나사렛의 거지 청년이 복음을 외치고 다닐 때 그 시대 기득권을 누리던 목자들의 눈에 얼마나 가시 같았을까요?

예수님은 이런 사람입니다. '외모로 판단하지 말라' 하신 하나님이 외모를 주지 않으신 아들입니다. 천대받던 땅 갈릴리

---

31) **사 53:2** 그는 주 앞에서 자라나기를 연한 순 같고 마른 땅에서 나온 줄기 같아서 고운 모양도 없고 풍채도 없은즉 우리의 보기에 흠모할 만한 아름다운 것이 없도다
3 그는 멸시를 받아서 사람에게 싫어 버린 바 되었으며 간고를 많이 겪었으며 질고를 아는 자라 마치 사람들에게 얼굴을 가리우고 보지 않음을 받는 자 같아서 멸시를 당하였고 우리도 그를 귀히 여기지 아니하였도다

32) **렘 14:8** 이스라엘의 소망이시요 곤란한 때의 구원자시여 어찌하여 이 땅에서 거류하는 자같이 하룻밤을 유숙하는 행인같이 하시나이까

33) **요 8:57** 유대인들이 가로되 네가 아직 오십도 못되었는데 아브라함을 보았느냐

지방에서도 가장 낙후된 나사렛 출신, 천하고 못생긴 거지 청년의 모습으로 복음을 전하기 시작했습니다.

예수님 다시 오실 때도 이같이 사람들에게 천대받는 모습으로 오십니다. 진정으로 깨어있는 사람만이 알아볼 수 있게 오신다고 했습니다. 그런데도 사람들은 예수가 설마 그렇게 볼품없는 모습일까 믿지 않습니다.

그것은 영화감독이 흥행을 위해 잘생긴 배우를 썼기 때문입니다. 신이 하신 말씀보다도 사람이 만든 영화를 더 믿는 세상이 되었습니다. 성경에 예수님의 생김새가 나와 있는데도 영화감독만 믿습니다.

성경에 자기 신앙을 맞추는 게 아니라 자기에게 성경을 맞추다가 엎어지는 신도들이 수없이 많습니다. 자기 목사님 말씀은 잘 믿어도 예수님 말씀은 믿지 않는다는 말입니다.

교회에 잘 다니면 됐지 성경은 뭐하려 보느냐는 교인도 많습니다. 그런 분들은 이런 말이 딱 맞지요.

'나는 예수를 사랑합니다. 그러나 그의 말씀엔 관심 없습니다.'

12. 죽은 자들로 죽은 자를 장사하라

[마 8:22] 예수께서 가라사대 죽은 자들로 저희 죽은 자를 장
사하게 하고 너는 나를 좇으라 하시니라

예수를 따르던 제자 중에 하나가 아뢰었습니다.
"주여, 제 부친을 장사하고 오게 허락하옵소서."
예수께서 가라사대
"죽은 자들로 죽은 자를 장사하게 하고 너는 나를 따르라."

당시에 예수와 제자들은 어디를 가든 그 머문 곳이
하나님 사역을 위한 일터였습니다.
요즘의 일터에서 예수 같은 직장상사를 만났다면
난리가 날 것입니다. 난리뿐 아니라 그런 상사는
사회적으로 매장당하고도 남을 일입니다.
직원들을 더 보내 돕지는 못할망정 당사자조차
장례에 보내지 않는 일은 있을 수 없기 때문입니다.
당시의 규례를 보더라도 '부모를 공경하라'는
십계명까지 어기는 크나큰 죄를 범하는 지시였습니다.

부모의 장례식에 자식을 보내는 일은 베풂도 아닙니다.

당연히 위로하고 보낼 일입니다.

그러나 예수는 제자를 보내지 않았습니다.

이단의 괴수로 사회적 지탄을 받으면서도

보내지 않았고 제자들은 어리둥절하게 되었습니다.

게다가 제자들에게 별다른 설명도 없이 배에 올랐습니다.

요즘의 제자들 같으면 스승이고 뭐고 대들었을 겁니다.

위 본문에서 '죽은 자들로 장사하게 하고'의 죽은 자들은

육은 살았지만 영이 죽은 자들을 말합니다.

예수를 따라서 그리스도교로 넘어오지 않은 유대교인들을

예수는 이미 죽은 자들이라고 불렀습니다.

장례는 영이 죽은 자들, 곧 유대인들이 지내고

영이 산 제자는 거기 휩싸이지 말라는 뜻이었습니다.

아직 심령이 여린 제자가 아버지 장례식에 갔다가

유대인들의 핍박으로 인해 다시 예수께 돌아오지 못한다면

그 제자마저 영이 죽은 자가 되는 것이고

그러면 그 아버지를 위해 기도할 자가 없음을 걱정하신 것

이었습니다.

예수님이라고 마음이 아프지 않으셨겠습니까.

13. 부자는 천국 갈 수 없다?

우리는 성경에 이런 구절이 있음을 흔히 알고 있습니다.

'약대가 바늘귀로 들어가는 것이 부자가 하나님의 나라에

들어가는 것보다 쉬우니라.' (눅 18:25)

말도 안 되는 엉터리 비유죠?

이 말대로라면 '부자는 천국에 갈 수 없다.'고 잘라 말하면 되지 뭐가 뭐를 하는 것보다 어렵다는 등 말장난처럼 할 필요가 있을까요?

부자는 얼마의 재산가부터 부자고, 미국과 저개발국가의 부자는 같을까요? 부자를 그냥 '재산이 많은 자'로 보면 위 구절은 모순투성이입니다.

새끼 낙타가 냉장고에 들어가기보다 어렵다 하면 말은 될 수도 있습니다만 약대가 바늘귀로 들어가는 것보다 어렵다는 말은 있을 수 없습니다.

그래서 성경에 있는 말이지만 속뜻을 모르고 문자로만 읽으면 엉뚱한 말이 됩니다. 그러나 많은 사람들이 부자를 잘못 알고 있기에 아래에 설명을 붙여봅니다. '바늘귀'는 이스라엘의 성문에 있는 쪽문의 별칭입니다. 우리나라 성문에도 비슷한 쪽문이 있습니다. 옛날 예수님 시대에 짐 나르는 데 유용하게 쓰였던 약대가 그 문을 통과하려면 등짐을 내리고 자세를 낮추어야 간신히 들어갈 수 있는 좁은 문입니다.

위에서 '부자'는 재산 많은 부자가 아니라 영적인 부자, 자만심이 많은 사람을 말합니다. 그러므로 사람이 자만심을 버리고 겸손하게 낮아져야 천국에 갈 수 있다는 말입니다. 그러나 이 말뜻을 아는 사람은 드뭅니다. 비유와 속뜻을 모르면 '신의 말씀'은 무수한 곳에서 유치하게 들립니다. 그러나 비유를 알게 되면 가슴이 벅차오르고 몸은 성령으로 뜨거워집니다.

14. 극락과 천국, 자비와 똥

극락은 불교에서만 쓰이는 말인 줄 아는 분도 많은데
시편을 보면 극락과 천국은 같은 말로 나오고(시편 43:4)
하나님의 자비에 관해선 셀 수도 없이 많이 나옵니다.
누가 뭐래도 기독교인들의 목적은 자비를 베풀고
극락 가는 것입니다.
극락엔 아픔도 사망도 없다 하므로 영원한 생명에 이르게
됩니다.
사람들은 '사망이 없는 영원한 생명' 하면 끄덕끄덕 하고
줄인 말로 '영생' 그러면 색안경을 쓰고 보기도 합니다.
사람들은 사도신경을 외우며
'몸이 다시 사는 것과 영원히 사는 것'을 매일 믿는다면서도
너 '영생 믿니?' 하면 이상하게 쳐다봅니다.
같은 말인데도 그렇습니다.
몸이 다시 사는 것도 믿는다는 사람들이
영생은 왜 못 믿는지 궁금합니다.

> 마 7:21 나더러 주여 주여 하는 자마다 천국에 다 들어갈
> 것이 아니요 다만 하늘에 계신 내 아버지의 뜻대로
> 행하는 자라야 들어가리라

'아버지의 뜻'이 뭔지 알아야 행하는데

성경을 모르니 답답한 일입니다.

교회에 나와서 헌금 내고 봉사하는 게 아버지의 뜻인가요?

아닙니다. 그보다 훨씬 더 중요한 게 있습니다.

하나님은 예배와 헌금보다 하나님에 대해 알기를 원하십니다 (호 6:6) [34].

사람인 목자만 좋게 하는 일인지 하나님을 좋게 하는 일인지 깨달아야 합니다(참고 살전 2:4, 갈 1:10) [35].

성경은 예수님을 믿는다며 '예수의 말씀'은 믿지 않는 세대를 엄하게 꾸짖고 있습니다.

**눅 6:46 너희는 나를 불러 주여주여 하면서도 어찌하여
나의 말하는 것을 행치 아니하느냐**

'그런 눔들은 얼굴에 똥을 발라 그 똥과 함께 제하여 버리리라.' 하신 말씀도 있습니다.

---

34) **호 6:6** 나는 인애를 원하고 제사를 원치 아니하며 번제보다 하나님을 아는 것을 원하노라

35) **살전 2:4** …우리가 이와 같이 말함은 사람을 기쁘게 하려 함이 아니요 오직 우리 마음을 감찰하시는 하나님을 기쁘시게 하려 함이라

갈 1:10 이제 내가 사람들에게 좋게 하랴 하나님께 좋게 하랴 사람들에게 기쁨을 구하랴 내가 지금까지 사람의 기쁨을 구하는 것이었더면 그리스도의 종이 아니니라

말 2:3 보라 내가 똥을 너희 얼굴에 바를 것이라 너희가

그것과 함께 제하여 버림을 당하리라 (마 24:36~39)

자기 판단대로 믿고 자기 착각 속에서 나도 크리스천입네 행세하는 사람들이 얼마나 얄미우면 얼굴에 똥을 발라 버리실까요?

15. 예수님은 왜 죽었나요?

예수님은 누가 죽였나요? 그 시대의 목자들이 죽였습니다.

왜 하필 목자들이 죽였나요? 성경을 몰라서 죽였습니다.

예수님을 기점으로 성경은 구약과 신약으로 나뉩니다.

그래서 예수님이 살아계실 때는 신약은 없었고 구약 성경만 있었습니다.

그 당시에는 인쇄술이 없어서 성경을 써서 옮기는 사람들이 필요했고 필사본을 만들던 서기관들은 대단한 권세를 누렸습니다.

성경을 매일 읽고 써서 통달했다는 서기관들이 왜 성경을 몰랐을까요?

그들은 성경을 잘 안다고 자부했고 신앙심만은 최고라고 생각했지만 그들은 성경을 오해했고 예수님을 알아보지 못하였습니다.

그들은 우리보다 율법을 철저히 지키며 메시아를 갈망해왔으나 기다리던 메시아가 나타나 "내가 그다." 하여도 미친 소리로 들었습니다.

뿐만 아니라 침을 뱉고 조롱하며 죽였습니다.

왜 예수를 알아보지 못했을까요?

그들은 성경을 읽되 그 뜻을 이해하지 못했기 때문입니다.

오늘날도 수많은 교인들이 성경의 뜻을 이해하지 못하고 있습니다. 성경엔 그렇지 않은데도 담임 목자의 말을 더 존중합니다.

성경과 담임목자의 말이 달라도 목자의 말을 따라갑니다.

예수님 때, 그 시대 목자의 교인들과 똑같습니다.

소경이 소경을 따라가듯 자기 목자가 잘못 풀이해도 그대로 따라갑니다.

구약성경엔 예수의 나심에 관해 수십 곳에 예언되어 있습니다. 몇 가지만 적어보면.

내가 내 아들을 땅에 보내리라(시편 2:7)

처녀가 잉태하여 아들을 낳을 것이다(이사야 7:14)

베들레헴에서 나오리라(미가 5:2).

갈릴리지방에서 첫 사역을 시작할 것이다(이사야 9:1)

예루살렘에 나귀새끼를 타고 입성할 것이다(스가랴 9:9) 등등.

수없이 많으나 성경 여기저기에 흩어져있는 예언을

그 시대의 목자들이 하나로 꿰지 못했기 때문에

예언대로 온 예수를 몰라보고 이단의 괴수라며 죽였습니다.

그 시대의 목자와 교인들 모두 무식해서 죽인 것입니다.

오늘날의 우리들이 2000년 전에 살았다면 예수를 알아보았을까요? 그 당시의 목자들은 모두 예수를 핍박하였고, 교인들은 무턱대고 자기 목자들을 따라 예수 반대편에 서서 욕을 했습니다.

예수 재림 때는 초림 때와 같다고 했기 때문에 예수님 다시 오실 때 그를 알아보지 못하고 핍박하는 현상은 똑같이 일어난다는 것입니다.

생각해봅시다.

오늘날 그가 어떻게 다시 오시는지 아는 사람은 극히 적습니다. 주기도문대로 하늘에서 이루어진 뒤 이 땅에 강림하는 천국은 무엇이고 우리가 죽어서 하늘로 올라간다는 천국은 또 무엇입니까?

한쪽은 올라가고 한쪽은 내려오면 어디서 만날까요. 그저 교회만 다니면 되는 줄 아는 무지한 사람들이 예수님 다시 오실 때 초림 때와 같이 몰라보고 조롱한다는 것입니다. (마 24:36~39)

만약에 우리가 2,000년 전에 태어났다면 우리는 예수님을 알아보고 예수님 편에 섰을까요, 반대편에서 욕을 했을까요?

16. 추수감사절과 성경

- 추수감사절은 성경과 어떤 사이인가?

성경에서 말하는 '추수'는 우리가 아는 곡물 추수가 아니므로 현대 교회의 추수감사절은 성경과 아무런 관련이 없습니다.

① 추수감사절의 유래

16세기 로마 가톨릭으로부터 독립한 영국 교회는 형식주의에 빠져 성경대로 경건하게 생활하려는 청교도들의 신앙의 자유를 허락지 않았습니다. 그래서 청교도들은 그들의 신앙을 지키기 위해 네덜란드로 건너갔고, 11년간 고된 생활을 했지만 신앙대로 자녀들을 교육시키기조차 어려웠습니다. 그래서 신대륙으로 갈 결심을 했고, 7년간의 고생 끝에 돈을 모아 1620년 180톤의 작은 배를 사서 미국으로 건너가게 된 것입니다.

물과 양식이 부족한 가운데 65일간의 항해는 험난했을 뿐 아니라 신대륙에 도착한 때는 겨울이었기 때문에 그들은 심한 식량난과 추위, 영양실조로 인해 102명 중 44명이나 죽었습니다. 그 나머지도 질병에 시달렸기 때문에 항상 일손이 부족한 생활이었습니다. 그때 심한 어려움 속에 있던 그들에게 도움을 주었던 사람들은 마음씨 좋은 인디언들이었습니다. 인디언들은 어려운 형편의 청교도들에게 곡물을 가져다주었고, 농사짓는 방법도 가르쳐 주었습니다. 이들의 도움으로 다음 해인 1621년 청교도들은 첫 곡식을 추수할 수 있었습니다.

얼마나 기뻤겠습니까. 큰 수확에 대한 기쁨과 감사를 표하고자 1621년에 3일 동안 축제를 열었습니다. 이때 청교도들은 경작을 가르쳐준 인디언들을 초대해 추수한 곡식, 과일과 야생 칠면조를 잡아 축제를 벌였는데 이것이 미국 추수감사절의 시작입니다. 그 후 1623년 매사추세츠 주에서는 추수 감사절을 공식 절기로 선포하였으며, 1789년에는 미국의 초대 대통령 워싱턴이 이를 전국적으로 지킬 것을 선포한 것이 추수감사절의 유래가 되었습니다. 그러나 3대 대통령인 토머스 제퍼슨은 추수감사절이 왕의 관습이라는 이유로 이 행사를 중단했습니다. 그 뒤로 추수감사절은 일부 주에서만 비공식적으로 지켜지게 되었고 그 기념일도 주마다 달랐습니다.

이렇게 폐지됐던 추수감사절이 다시 지켜지기 시작한 것은 1863년 링컨 대통령이 추수감사절을 미국의 연례적인 축일로 선포하면서 다시 시작되었습니다.

'추수감사절(Thanksgiving Day)'은 미국의 경우 11월 넷째 주 목요일에, 캐나다에서

는 10월의 두 번째 주 월요일에 기념하듯 나라마다 전부 다릅니다. 유럽의 여러 나라는 예수의 승천일 전 3일간을 추수감사절로 지키며, 영국에서는 8월 1일에 풍성한 수확에 감사하며 이날을 기념했습니다. 이처럼 추수감사절은 나라마다 지키는 날짜가 다릅니다.

추수감사절에 미국인들은 가족들끼리 모여 파티를 열어 칠면조 고기를 비롯한 여러 음식을 나눕니다. 또한 대부분의 학교와 직장에서는 여유롭게 휴일을 즐길 수 있게 추수감사절 다음날인 금요일을 휴일로 하여 총 4일 동안 쉬게 하는 경우가 많습니다. 그래서 쇼핑시즌으로도 유명하고 미국의 가장 중요한 국경일 중 하나로 발전되어 왔습니다.

그러나 미국의 추수감사절은 우리나라 추석과 비슷하다는 데 문제가 있습니다. 수확에 대하여 빛과 공기와 물을 준 하늘에 감사하기. 하나님을 모르던 우리 조상들도 지켜왔고 성경을 모르던 다른 민족에게서도 많이 볼 수 있는 풍습입니다. 그래서 추수감사절은 성경과 무관하다는 것입니다.

② 추수감사절의 풍습

추수감사절과 관련해 가장 널리 알려진 풍습으로 칠면조 고기를 먹는 것입니다. 칠면조를 먹는 풍습은 성경과 관계없이 첫 추수감사절 때 사냥을 나갔던 사람이 칠면조를 잡아와 먹기 시작한 데서 유래한 것입니다.

또 일부 지방에서는 이날 식탁에 5개의 옥수수를 올려놓는데, 이는 청교도들이 식량난으로 고생할 때 한 사람의 하루 식량으로 배당됐던 옥수수 5개를 회상하는 것입니다. 각 가정의 부모들이 첫 추수감사절까지 고생했던 그들 조상들의 수고를 자녀들에게 설명해주며 그 옥수수를 함께 먹는 풍습인데 성경과는 아무런 관련이 없다는 것입니다.

③ 우리나라 추수감사절의 역사와 현재

우리나라에서 추수감사절이 교회의 절기로 지켜지게 된 것은 1904년부터입니다. 처음에는 장로교 단독으로 11월 10일을 추수감사절로 기념하다가 1914년 교파 선교부의 결정에 따라 미국 선교사가 조선에 입국한 날을 기념하는 뜻에서 11월 셋째 주 수요일로 변경되었습니다. 그 후 추수감사절은 그 요일이 수요일에서 일요일로 바뀌어 11월 셋째 주일로 바뀌었습니다.

그러나 오늘날 우리나라의 교계에서는 추수감사절을 우리의 실정에

맞게 추석으로 정해야 한다는 주장이 있고, 일부 교회에서는 이미 이를 시행하고 있기도 합니다. 이렇듯 각 나라의 곡물 수확시기에 따라 달라지는 추수감사절은 '성경속의 추수'와는 거리가 멉니다.

④ 추수감사절의 성경적 의미

추수감사절과 비슷한 시기와 내용의 성경적 절기는 바로 수장절(추수한 것을 창고에 저장하는 절기)입니다.

> '맥추절을 지키라 이는 네가 수고하여 밭에 뿌린 것의 첫 열매를 거둠이니라 수장절을 지키라 이는 네가 수고하여 이룬 것을 연종에 밭에서부터 거두어 저장함이니라.' (출 23:16)

그렇다면 여기서 그 첫 열매의 영적인 의미의 실체는 무엇인가.

> '그가 그 조물 중에 우리로 한 첫 열매가 되게 하시려고 자기의 뜻을 좇아 진리의 말씀으로 우리를 낳으셨느니라.' (약 1:18)

우리=첫 열매'

성경적 첫 열매는 바로 우리들 '사람'입니다. 하나님은 새로 전도된 사람을 열매라고 하시며 기뻐하셨지 실제 곡물을 기뻐하신 것이 아닙니다.

'그러나 이제 그리스도께서 죽은 자 가운데서 다시 살아 잠

자는 자들의 첫 열매가 되셨도다.'(고전 15:20)라고 했듯이 그리스도가 첫 열매요 그리스도가 강림하실 때 그에게 붙은 자들을 첫 열매라 하셨습니다.

> '그러나 각각 자기 차례대로 되리니 먼저는 첫 열매인 그리스도요 다음에는 그리스도 강림하실 때에 그에게 붙은 자요.'(고전 15:23)

그리스도(첫 열매)가 몸을 단번에 드리심으로 구약의 어린 양과 같이 하나님의 제단에 희생물이 되셨습니다. 우리 자신이 처음 익은 열매로서 드려져 예수그리스도의 그 정신을 이어받아 희생과 사랑을 실천함으로써 하나님께 영광이 될 때, 그것이 바로 진정한 추수감사절을 지키는 것이지 문자 그대로의 곡물 추수에 대한 감사는 성경의 뜻이 아닙니다. 곡물 추수에 대한 감사는 성경을 모르는 나라에서도 이어져 오고 있기 때문입니다.

그래서 오늘날 우리나라를 포함해 세계 곳곳에서 나라마다 다른 날에 행해지고 있는 추수감사절은 성경이 말하는 절기와는 아무런 관련이 없음을 깨달아야 합니다. 교회에서 기념해야 할 추수감사절은 새로 전도된 새 가족을 하나님께 드리며 기뻐할 일이지 곡물을 놓고 기도할 일이 아닙니다.

17. 세례요한은 예수님 편일까요, 아닐까요?

성경에 있어서 빼놓을 수 없는 두 사람이 있습니다.

요한입니다. 세례 요한과 사도 요한, 한 사람은 선지자고 한 사람은 제자입니다. 한 사람은 예수님께 세례를 준 사람이고 한 사람은 예수의 제자로서 '요한'이름이 들어간 성경을 기록한 사람입니다. 오늘은 세례 요한에 대해서 알아보고자 합니다.

세례요한은 예수님과 같이 그 출생과 이름까지 하나님이 예고한 대단한 선지자입니다. 그는 이 땅에 예수보다 먼저 와서 예수님 앞길을 평탄하게 할 사명으로 온 길 예비 사자입니다. 그는 처음부터 예수님을 알아보았고 예수님에 대한 예우를 잊지 않았습니다.

자기 제자들에게 '세상 죄를 지고 가는 하나님의 어린 양을 보라.'(요 1:29)고 가르쳤으며, 자신은 길 예비 사자이므로(요 3:28) 그가 나타나면 나는 그에 속하리라는 말도 했습니다(요 3:30). 예수님에 비하면 자기는 한없이 작은 사람이며 나는 그의 신을 들기도 어려운 사람이라고 했습니다(마 3:11) 36). 예수님이 그에

---

36) **마 3:11** 나는 너희로 회개케 하기 위하여 물로 세례를 주거니와 내 뒤에 오시는 이는 나보다 능력이 많으시니 나는 그의 신을 들기도 감당치 못하겠노라 그는 성령과 불로 너희에게 세례를 주실 것이요

게 세례를 받으러 나왔을 때도 거꾸로 자기가 세례를 받아야
할 입장임을 아뢴 선지자였습니다(마 3:14) [37].

> **요 1:29 이튿날 요한이 예수께서 자기에게 나아오심을 보
> 고 가로되 보라 세상 죄를 지고 가는 하나님의 어
> 린 양이로다**

> **요 3:28 나는 그리스도가 아니요 그의 앞에 보내심을 받은자라**

> **요 3:30 그는 흥하여야 하겠고 나는 쇠하여야 하리라**

그러나 요한은 헤롯왕이 자기 동생의
처 (헤로디아)를 아내로 맞은 사건에 간섭하다
옥에 갇힙니다. 그리고 끝내 목 베임을 당
해 죽게 됩니다. 이 일을 놓고 요한을 순교
자로 여기는 교파가 있고, 요한은 종교 외적
인 일(정치 간섭)로 죽임을 당했다고 해서 순
교로 보지 않는 교파가 있습니다. 어쨌든
이 세상에 결점이 없는 예수님의 판단이 중요한 대목입니다.

예수님은 세례요한이 옥에 갇힌 소식을 듣고 갈릴리로 생애
처음 사역을 떠나셨습니다. 그러자 요한은 면회도 안 온 예수

---

37) **마 3:14** 요한이 말려 가로되 내가 당신에게 세례를 받아야 할 터인데 당신이 내게로
오시나이까

님이 서운한지 자기 제자를 보내어 묻습니다.

"오신다던 메시아가 당신이 맞습니까 아니면 다른 이를 기다릴까요?"(마 11:3)

예수께서 대답하셨습니다.

"너희가 무엇을 보려고 광야에 나갔더냐 바람에 흔들리는 갈대냐?"(마11:7)

예수는 처음과 끝이 다른 요한에게 '흔들리는 갈대'라 책망하시며 그때 비로소 갈릴리로 첫 사역을 떠나셨고 요한의 제자들은 계속 예수의 행동에 반기를 듭니다.

"우리와 바리새인들은 금식을 잘 지키는데 당신의 제자들은 왜 안 지키십니까?"(마 9:14)

이는 바리새인과 하나가 됐다는 방증이며 또 자기네 선생인 요한에게 예수가 요단강 저쪽에서 세례를 주고 있다고 일러바치기도 합니다(요 3:26). 이는 예수와 요한의 교단이 같은 편이 아님을 말해주는 대목입니다. 길 예비 사자는 약속의 목자(예수)가 온 뒤론 그와 함께해야 하는데 요단강 이쪽과 저쪽에서 따로 세례를 주는 모습입니다. 오늘날도 예수가 다시 오시면 모든 교회가 예수께로 모일까요? 생각해보십시오, 자기 교회와 교인이 재산인데 그것을 포기하기는 쉽지 않습니다. 그래서 그는 이럴 것입니다.

"나타난 자는 예수님과 관계없는 자다, 그는 이단이다."

온갖 험담으로 헐뜯을 겁니다. 그래야만 자기 재산을 지킬 수 있으니까요. 참 포도나무인 예수님께 접목하지 않고 자기의 길을 따로 가며 예수님을 계속 힐난한 장면은 오늘날도 같다는 예고입니다. 그래서 요한은 헤롯왕에게 목 베임을 당하지만 그는 아래 성경과 같이 천국에 들지 못하였습니다.

> 마 11:7 저희가 떠나매 예수께서 무리에게 요한에 대하여
> 말씀하시되 너희가 무엇을 보려고 광야에 나갔더냐
> 바람에 흔들리는 갈대냐

> 마 11:11 내가 진실로 너희에게 말하노니 여자가 낳은 자 중에
> 세례 요한보다 큰 이가 일어남이 없도다. 그러나
> 천국에서는 극히 작은 자라도 저보다 크니라.

예수와 다른 길을 간 요한은 천국의 꼴찌보다 작은 사람이므로 천국에 들지 못하였다는 뜻입니다. 세상 사람 중엔 성경에 이렇게 적혀있음에도 불구하고 말년에 변절한 세례요한을 예수의 동지이며 천국에 든 사람으로 보는 무리가 절반이고 예수님을 배반한 선지자로 천국에 못 든 사람으로 보는 무리가 절반입니다.

〈삐 교회〉 세례요한은 예수님의 동역자라고 가르칩니다.
〈똑 교회〉 나중의 세례요한은 예수님의 반역자라고 가르칩니다.

18. 흙으로 만드신 아담?

'하나님께서 아담을 흙으로 만드셨다.' 이 말씀을 믿으십니까? 어떻게 믿으십니까. 찰흙 같은 것으로 오밀조밀 만들고 코에 숨을 불어넣어서… 이렇게 알고 계신 분이 많은데, 참 믿음이 좋은 분입니다. 어떻게 이런 허랑한 말도 다 믿죠? 이런 말은 성경에도 없는 말이고 사람이 지어낸 사람의 계명입니다. 아마 성경의 이 구절을 보고 문자적으로 쫓아가 본 말일 겁니다.

**[창 2:7] 여호와 하나님이 흙으로 사람을 지으시고 생기를
그 코에 불어넣으시니 사람이 생령이 된 지라**

하나님이 생기를 불어넣으시니 이미 사람인 자의 영이 생령이 된 것이지 생령이 사람이 된 것이 아닙니다.

흙으로 만들어서 코에 숨을 불어넣었더니 사람이 되었다는 말은 성경에도 없는 말입니다. 또 아담만 흙으로 빚고 우리는 흙으로 안 빚고? 아담을 만드신 방법으로 우리도 똑같이 만드셔야 맞습니다. 그래야 진리입니다. 그러나 우린 모태에서 나왔잖아요. 그럼 '흙으로 지음 받은 우리'는 또 무슨 얘기일까요?

둘 다 맞는 말입니다. 욥기서 33장 잠깐 보겠습니다.

**[욥 33:6] 나와 네가 하나님 앞에서 일반이니 나도 흙으로
지으심을 입었은 즉**

욥도 흙으로 지으심을 받았답니다. 그럼 욥기서 1장을 또 봅니다.

[욥 1:21] 가로되 내가 모태에서 적신이 나왔사온 즉…

또 자기는 모태에서 나온 자랍니다. 흙으로 지음 받았다와 모태에서 나왔다, 어느 것이 맞을까요? 둘 다 맞는 말입니다. 아담도 욥도 우리도 흙으로 지음 받았고 모태에서 나온 것이 맞습니다.

흙으로 지음 받는 과정을 설명 드리겠습니다. 모든 생명은 씨로 시작됩니다. 우리 생명도 아버지가 어머니께 씨를 줌으로 시작됩니다. 씨는 그냥 생기는 게 아니라 아버지가 흙의 양분을 먹고 만든 것입니다. 씨를 받은 어머니도 흙의 소산을 먹고 씨를 키웁니다. 아이가 나와서도 흙의 양분으로 자라납니다. '흙으로 지음 받은 우리'에 관한 설명입니다. 이것이 진리이지 '찰흙으로 어찌어찌 만들었다는 만화 같은 말에 미혹되어선 안 됩니다. 중요한 것은 아담도 나도 우리 모두 모태에서 나왔고 흙으로 지음 받았다는 사실입니다.

19. 아담은 인류의 첫 사람인가요?

이 화두는 제가 교회에 처음 다니던 때부터 품었던 의문입니다. 그만큼 오랫동안 고심했던 문제인데도 누구 하나 풀어주는 목자가 없었습니다.

창세기 4장에서 아담과 하와의 장남인 가인은 자기 동생 아벨을 죽였습니다. 그러니까 이 세상에 아담과 하와와 가인밖에 없을 때 가인이 살인죄로 에덴에서 쫓겨나 유리하는 자가 되라는 하나님의 명령을 받습니다.

그때 가인은 외지에서 만나는 사람들이 자기를 죽일까 봐 떨었고 하나님은 위급할 때 보여줄 표를 만들어주셨습니다 (창 4:14-15) [38]. 가인은 그 표를 가지고 무사히 에덴을 떠났고 에덴 동편 놋땅에서 아내를 만나 에녹을 낳았습니다. 가인이 자신을 해칠까 봐 겁냈던 사람들은 누구이며 가인의 아내는 또 누구이며 아담의 사돈집은 어떤 가문일까요?

---

38) **창 4:14** 주께서 오늘 이 지면에서 나를 쫓아내시온즉 내가 주의 낯을 뵈옵지 못하리니 내가 땅에서 피하며 유리하는 자가 될지라 무릇 나를 만나는 자가 나를 죽이겠나이다

15 여호와께서 그에게 이르시되 그렇지 않다 가인을 죽이는 자는 벌을 칠 배나 받으리라 하시고 가인에게 표를 주사 만나는 누구에게든지 죽임을 면케 하시니라

[창 4:14] 주께서 오늘 이 지면에서 나를 쫓아내시온즉…
유리하는 자가 될지라 무릇 나를 만나는 자가 나를
죽이겠나이다 15 여호와께서 그에게 이르시되 그
렇지 않다 가인을 죽이는 자는 벌을 칠 배나 받으리
라 하시고 가인에게 표를 주사 만나는 누구에게든
지 죽임을 면케 하시니라 16 가인이 여호와의 앞을
떠나 나가 에덴 동편 놋 땅에 거하였더니 17 아내와
동침하니 그가 잉태하여 에녹을 낳은 지라.

　여기서 에덴 동편 놋땅에 살던 사람들, 더 좁게 말하면 가
인의 처갓집은 아담의 자손이 아니라는 것입니다. 에덴동산에
는 아담과 하와가 살았지만 다른 지역에는 다른 족속이 살았다
는 증거입니다.

　　　　　　　　성경 계보에 의하면 아담부터
　　　　　　　　노아의 방주 사건까지가 약 1,600
　　　　　　　　년 노아의 방주 사건 이후 아브라
　　　　　　　　함까지가 약 400년 아브라함부터
모세까지가 약 500년 모세부터 예수까지가 약 1,500년으로 기
록되어 있습니다. 그래서 예수 이후 2,000년을 포함하여 성경
의 역사는 6천 년입니다. 그러므로 아담은 지금부터 약 6,000
년 전 사람입니다. 그런데 역사 고증에 의하면 구석기시대만

해도 최소 3만 5천 년 전부터 시작되었습니다. 여기서 과학자들과 신학자들의 입장이 갈리기 때문에 과학자는 신학자들을 무식하다고 보며 신학자들은 명쾌한 답을 내놓지 못하고 있습니다.

만약 아담이 인류의 시조라면 창세기 2장에서, 그가 부모를 떠나 아내와 결혼하는 장면에서 그 '부모'는 설명이 안 됩니다.

창 2:24 이러므로 남자가 부모를 떠나 그 아내와 연합하여 둘이 한 몸을 이룰지로다.

일부 신학계에선 현재 인류 모두가 아담의 후손이라고 막연히 가르칩니다. 즉 아담과 하와가 자녀를 무수히 낳았고 자녀끼리 결혼을 했을 거라는 추측입니다. 그런 추측은 오히려 비성경적이고 말도 안 되는 이야기로 창세기 4장에 배치되는 거짓말입니다. 가인이 두려워한 사람들도, 가인이 결혼한 여자도 다 같은 아담의 자녀들이라고 주장하지만 성경적이지 않습니다.

가인이 아벨을 죽인 뒤에 아담은 아벨을 대신하는 아들 '셋'을 얻었고, 그 후에 여러 자녀를 낳았습니다(창 5:3~4) [39]. 셋이라는 이름도 '하나님이 내게 아벨 대신에 다른 씨를 주셨다.'는 뜻

---

39) **창 5:3** 아담이 일백삼십 세에 자기 모양 곧 자기 형상과 같은 아들을 낳아 이름을 셋이라 하였고
4 아담이 셋을 낳은 후 팔백 년을 지내며 자녀를 낳았으며

으로 아담이 지은 것입니다(창 4:25) [40]. 그러므로 적어도 아담이 가인과 아벨 외에 다른 자녀를 낳은 것은 셋이 태어난 이후입니다. 따라서 가인이 무서워했던 사람들과 가인이 아내로 맞은 여자는 아담의 자손이 될 수가 없습니다. 아담의 자손이 아닌 사람들이 다른 곳에 살았다는 얘기는 아담이 인류의 시조가 아니라는 증거입니다.

아담의 9대손 노아, 노아의 10대손 아브라함, 아브라함부터 다윗까지가 14대요 다윗부터 바벨론으로 이사할 때까지가 14대요 바벨론으로부터 예수까지

가 14대요 예수부터 현재까지가 약 2,000년, 이렇게 따져보아도 역시 아담은 6,000년 전 사람입니다. 그러면 인류의 역사가 고작 6,000년이란 말일까요? 아닙니다. 세계 곳곳에서 발견된 고대 문명의 유적만 보더라도, 세월을 추정할 수 없을 만큼 수

---

40) **창 4:25** 아담이 다시 아내와 동침하매 그가 아들을 낳아 그 이름을 셋이라 하였으니 이는 하나님이 내게 가인의 죽인 아벨 대신에 다른 씨를 주셨다 함이며

만 년 전에 인류의 문명이 시작된 것을 알 수 있습니다. 그러면 과학과 성경 사이에 크게 차이 나는 이 시간은 어떻게 해명해야 할까요? 그것은 아담이 인류의 첫 사람이 아니고 하나님의 생기를 받은 목자로서의 첫 사람임을 밝힘으로써 해결이 됩니다. 하나님께서 아담을 최초의 '사람'으로 표현하신 이유는 아담에게 생기를 주어 그가 영이 산 사람이 되었기 때문입니다. 하나님께서 보시기에 육체만 있고 하나님의 생기가 없는 자는 '사람'이라고 여기지 않으셨습니다. 그러므로 아담은 하나님이 보시기에 사람다운 첫 사람, 즉 하나님의 생기 받은 목자로서의 첫 사람을 말씀하십니다.

〈삐 교회〉 아담은 인류의 첫 사람이라고 가르칩니다.
〈똑 교회〉 아담은 목자로서의 첫 사람이라고 가르칩니다.

20. 사도신경에 관하여

사도신경에 이런 구절이 있습니다.

'본디오 빌라도에게 고난을 받으사 십자가에 못 박혀 죽으시고….'

결론부터 말하면 이 말은 성경과 다릅니다. 그러므로 틀린 말입니다.

빌라도는 당시 유대를 통치했던 로마 총독입니다. 그는 유대 제사장들 앞에서 예수의 죄를 찾지 못하겠노라고 세 번이나 외쳤습니다. 누가복음 23장에서 빌라도가 대제사장들과 무리에게 이르되

"내가 보니 이 사람에게 죄가 없다."(눅 23:4) 하며

"너희가 이 사람(예수)을 죄인이라고 내게 끌어왔다. 보라 내가 너희 앞에서 심문해보니 너희가 고소한 일에 대하여 이 사람에게서 죄를 찾지 못하였고"(눅 23:14)

빌라도는 예수를 놓아주고자 다시 저희에게 말하였습니다.

"이 사람이 무슨 악한 일을 하였느냐 나는 그 죽일 죄를 찾지 못하였다."(눅 23:22)

또 빌라도가 아무 효험도 없이 도리어 민란이 나려는 것을

보고 물을 가져다가 무리 앞에서 손을 씻으며 가로되(마 27:24)

"이 사람의 피에 대하여 나는 무죄하니 너희가 당하라."

이에 백성들이 다 대답하되

"그 피를 우리와 우리 자손에게 돌릴지어다."(마 27:25)라며 예수를 사형시키는 데 혈안이 되어있었습니다. 빌라도는 그 재판의 결과에 대해선 나는 책임이 없다는 뜻으로 손을 씻은 것입니다.

성경에 분명한 것은 '빌라도'는 예수의 무죄를 주장했고, '제사장들과 장로들'이 예수의 사형을 주장했다는 사실입니다. 뿐만 아니라 위 내용은 현재 터키의 성聖소피아 사원에 소장되어 있는 '예수의 체포와 심문 및 처형에 관해 가이샤 황제에게 보낸 빌라도의 보고서'에서도 잘 증명되고 있습니다.

이쯤에서 빌라도와 관련된 '사도신경'을 조명해보겠습니다. 원래 사도신경은 로마 가톨릭교회의 영국성공회 프로테스턴트교회에서 사용하는 신앙고백서입니다. 일각에선 열두 사도들이 작성했다는 설도 있는데 그 근거는 없습니다. 오히려 성경에서 베드로 사도는 "빌라도가 놓아주기로 결안決案한 것을 너희가 죽였다."(행 3:13)라고 증거하고 있으니 예수를 죽인 자는 빌라도가 아니고 '너희'라고 일컬은 당시 유대인이었음을 알 수 있습니다. 그러니 정녕 '사도들의 신경'이 될 수는 없습니다. 복음서 어디를 보아도 빌라도가 예수를 죽였다고 기록한 사도는 없습니다. 그런데도 '사도신경'이라고 이름을 붙인 것은 아이러니합니다.

　오히려 제사장들과 유대인들이 자신들의 죄를 빌라도에게 뒤집어씌우는 것임을 알 수 있습니다. 주기도문은 성경(마태복음)에 있지만 사도신경은 성경에 근거가 없습니다. 오류는 또 있습니다. '거룩한 공회'라는 말, 그 공회는 예수를 죽이기로 공모한 굴혈이거늘 어찌 거룩한 곳이라고 표현될 수 있겠는가 말입니다. 이러한 오류를 지닌 '사도신경'을 한국 개신교는 그 뜻도 모르는 채 그냥 따라서 중얼거리고 있는 것입니다.

　우리나라에 임진왜란이 끝난 지 십여 년 되던 때, 모두가 태양이 지구 주위를 돈다고 생각하고 있을 때 반대로 지구가 태양 주위를 돈다는 지동설이 나왔습니다. 당시엔 종교사회  를 완전히 뒤집는 목숨 건 주장이었기에 갈릴레이는 종신 가택연금이라는 절망적인 판결을 받았습니다. 법정을 나오면서도 "그래도 지구는 돈다."고 했다는 말이 유명합니다. 혼자 생각이었지만 결국 그가 맞았지요. 절대다수의 생각이 맞을 거라고 안심할 것이 아니라 소수의 의견이라도 진리가 무엇인지 한 번 더 생각해야 합니다. 한국 개신교도 사도신경의 거짓됨을 알고 외우지 않는 교회가 점차 늘고 있음은 퍽 다행한 일입니다.

21. 떡집이야기

시온 초등학교 6학년 2반의 별칭은 떡집이다. 담임의 별명이 '떡보'여서인지 학생들 닉네임도 개떡, 찰떡, 콩떡, 팥떡, 쑥떡, 술떡… 다양하다. 개떡이 입맛을 다시며 나온다.

"야, 나는 개떡이란 닉네임이 순하고 좋아서 지은 건데 첫인상은 그렇지 않은가 봐."

술떡이 받는다.

"안 그래 개떡 맛 구수한 게 얼마나 은근하니? 그 맛은 아무도 못 따라온다."

콩떡이 잇는다.

"찰떡은 맛은 있다지만 생김새는 그게 뭐니? ㅎㅎ"

쑥떡이 나서는데 개떡이 말을 자른다.

"잠깐, 아까 학부모회의 때 어떤 어머님은 서운함을 비치다가 '개떡같이 말해도 찰떡같이 알아들으라는데….' 하며 돌아

> ● Tip - 할례의 의미
>
> 구약시대 할례는 쓸데없는 양피를 몸에서 제거하는 것입니다.
> 신약시대 할례는 육신이 아니라 마음에 하는 것이라 하셨습니다 (롬 2:28-29).
> 완악한 마음을 베어내 버려야 말씀이 들어가기 때문입니다(막 16:14).

구약 할례의 수술도구는 부싯돌이고 마음의 할례 수술도구는 흰 돌 (계 2:17)입니다.

흰 돌의 말씀으로 완악한 마음을 베어내며 행실을 다듬으면 주변에 악한 친구들이 물러가고 선한 친구들만 남게 됩니다.

이것이 신약의 할례입니다.

서던데 혹시 찰떡이 니네 엄마 아니니?"

"우리 엄만 아니지만 토론 중에 종교 얘기가 화근이야. 다들 교회에 다니시지만 저마다 교회가 달랐지. 장로교, 침례교, 감리교, 성결교교, 교, 교. 주제는 자연스레 진학 얘기에서 교회 편들기로 변했잖아."

가장 조숙한 술떡이 끼었다.

"그러게 말이야 우리는 안 그런데 엄마들은 왜 그런지 모르겠어. 그래서 교회 안 다니는 어른들까지 하나님은 하난데 왜 교회는 수백 갈래로 갈라졌냐고 묻나 봐. 이쪽 교회 목사님도 저쪽 교회에 가시면 평신도니 제가끔 따로 노는 게 사실인데 하나님이 좋아하시겠니?"

찰떡이 나서려는데 개떡이 또 말을 자른다. 자르는 덴 선수다.

"그래 지금 서로 하나님을 찾는다고 목청을 돋우고 있지만 전부 흩어져 있는 꼴이야. 겉은 화평한 척하는데 무슨 교, 교, 교… 전부 원수지간이지."

찰떡이 타이밍을 잡았다.

"내가 재밌는 예를 하나 들 게. 깜깜한 이 교실에 분필 하나 던져놓고 빨리 찾는 사람에게 금반지를 준다고 해봐. 저마다 눈을 부릅뜨고 사방으로 흩어져 있지만 깜깜하니 모두 더듬거릴 뿐이지. 그러다가 아주 작은 빛 하나 나타나고 분필이 보이면 무섭게 한 곳으로 달려들겠지. 이게 빛의 역할이야. 놀라운 역사가 곧 보일 텐데도 엄마들은 계속 싸움만 하고 계실 것 같아. 요한복음 1장 5절 말씀이지."

모두들 놀라며 찰떡을 바라보는데 찰떡은 거드름을 피운다.

"왜 이래? 아마추어 칠뜨기 같이. 우리 교회에선 요한복음 1장을 초등부에서 다 외워. 너희들은 이런 거 안 배우니?"

아이들은 똥그래진 눈을 더 크게 뜨며 그런 거 우리도 다 배웠다며 배를 내밀고 까치발을 든다. 찰떡은 다 안다는 듯 눈을 깔고 말한다.

"그럼 요한복음 1장 중간쯤엔 세례에 대해 나오는데 세례가 뭔지 한 마디씩 해보시지. 자르고 튀어나오기 선수, 개떡이

요번에 조용하네?"

개떡이 가소로운 표정으로

"야, 물을 걸 물어야지 그런 쌩 기초를… 우리 교횐 침례라고 하는데 물에 빠졌다가 나와 안수받는 거지. 그걸 모르는 애들도 있냐?"

"그러니까 그게 무슨 의미냐구?"

"의미? 의미는 무슨 의미? 참 나~"

"다들 웅성거리지만 말고 아는 사람 말해봐!"

"…."

찰떡의 톤이 낮아졌다.

"자, 물에 빠짐은 뭘 의미하겠니? 또 물에서 나옴은?"

찰떡의 톤이 조금씩 높아진다.

"조용하네, 모르겠니?, 물에 빠짐은 죽음이고 다시 나옴은 삶이야. 내가 죽는 것이 아니라 나를 위해 살고자 했던 소욕을 물에 죽이고, 그리스도를 향한 새 심령으로 다시 살아가겠다는 다짐으로 나오는 거지. 예수님도 누가복음 12장 50절에서 '나는 받을 세례가 (따로) 있다.' 하셨지? 십자가에 달려 죽으셨다가 다시 사신 것이 예수님의 세례야. 바울 선생님도 나는 날마다 죽노라 하신 의미가 이것이야 이것들아(코미디 버전 웃음)."

"세례는 정한 날 하루 받고 끝내는 게 아니고 매일 받는 거지. 이건 매우 중요한 사실이야. 왜 매일 받냐구? 못된 버릇은 자주 나오니까. 예를 들면 나는 왼손잡이야. 근데 할머니께 혼나고 오른손잡이로 바꿨지만 나도 모르게 왼손을 써. 그때마다 할머니께 야단맞지만 그게 한 번에 고쳐지니? 그래서 매일 명심하고 고치는 거 이게 세례의 의미지. 근데 술떡이 너, 아까부터 입 헤~ 벌리고 감동 먹은 표정인데 내 얘기가 그렇게 좋아?"

"그래 이런 얘긴 엄마들 틈에서도 안 나오는 얘긴데 우리 수준을 벗어난 거 아냐?"

"우리 수준? 야야, 그런 소리 마, 옛날 같으면 나도 서방님 따라서 시집갈 나이야."

개떡이 일어섰다.

"아, 개떡같이 말해도 찰떡같이 알아들으라는 옛말이 그냥 나온 게 아니었네!"

찰떡도 일어섰다.

"우리 교회에선 이게 초등 수준이야. 너희들 교회 옮기고 싶겠구나. 아무나 올 수 있는 교회는 아니지. ㅎㅎ 쫄면이나 먹으러 가자, 고고!"

콕콕 주기도문

콕콕 주기도문

(마태복음 6장)

9 하늘에 계신 우리 아버지여 이름이 거룩히
여김을 받으시오며
10 나라이 임하옵시며 뜻이 하늘에서 이룬 것같이
땅에서도 이루어지이다
11 오늘날 우리에게 일용할 양식을 주옵시고
12 우리가 우리에게 죄 지은 자를 사하여 준 것같이
우리 죄를 사하여 주옵시고
13 우리를 시험에 들게 하지 마옵시고 다만 악에서 구하옵소서
(나라와 권세와 영광이 아버지께 영원히 있사옵나이다 아멘)

주기도문은 마태복음 제6장, 올바른 기도를 가르쳐주신 산

상수훈 중에 있습니다. 예수님께서 제자들에게 너희는 이방인처럼 기도하지 말고 이렇게 기도하라고 가르치신 말씀입니다. 이 너희라는 사람들은 예수님을 믿고 산에 따라와서 말씀을 들은 사람들입니다. 그리고 산 아래에는 따라오지 않은 저희가 있습니다. '저희'라 칭한 사람들도 모두 교인입니다. 그러나 그 저희라는 사람들은 남에게 보이기 위해 기도한다는 것입니다. 말을 많이 해야 좋은 줄 알고 중언부언하지만 이미 자기 상을 받은 기도라 하셨습니다. 또 같은 장 31절을 보면 그들은 먹을 것 마실 것 입을 것을 구하는 자들입니다. 그런 것은 너희 천부께서 너희에게 필요한 줄을 다 아시니 구하지 말라고 해도 구해왔다는 겁니다. 그래서 그러면 안 된다고 가르쳐주신 기도문입니다.

　주기도문의 핵심은 같은 장 33절의 말씀처럼 그의 나라와 그의 의를 구하는 데 있습니다. 그러나 사람들은 그의 나라와 의는 구하지 않고 먹을 것 입을 것만을 구해서 예수님께 책망을 받았는데 오늘날 교인들은 어떻습니까? 이방인보다 많이 나아졌나요? 사람들은 의식주와 가족의 출세를 위해서는 기도해도 그의 나라와 그의 의를 위한 기도에는 인색합니다. 더

구나 크리스천이면서 그의 나라와 그의 의가 무엇인지 모르는 교인들도 많습니다.

너희는 먼저 이렇게 기도하라. 너희에게 하신 말씀입니다. 저희에게 말씀하신 것이 아닙니다. 무신론자나 불교도에게 하신 말씀입니까? 교회 다니는 사람들에게 하신 말씀입니다. 지금의 교인들에게도 당연히 해당되는 말씀입니다. 저렇게 기도하지 말고 이렇게 하라. 그런데 아직도 저렇게 기도하는 사람이 훨씬 많습니다.

잘못을 알았을 때 빨리 시인하고 고치는 사람이 복 받을 사람이라 하셨습니다. 아시다시피 주기도문은 미래 어느 한 날 받을 복을 위한 기도이므로 예언입니다. 그러므로 마태복음 6장만 가지고 이해할 순 없고 예언의 결정체인 요한계시록과 연결되어야 풀립니다. 계시록 성취 시대가 되어야 "아함, 그렇구나!" 히게 됩니다. 그럼 보시죠.

1. 9절 : 하늘에 계신 우리 아버지여, 이름이 거룩히 여김을 받으시오며

1) 하늘에 계신

'하늘에 계신 우리 아버지여'로 시작하라 하셨습니다. 하나님께서 계신 '하늘'은 어디인가요? 수많은 사람들이 푸른 하늘(sky)를 생각하시는데 그런 빨래 널다 보는 하늘이 아닙니다. 성경에는 세 가지 하늘이 나옵니다. 첫째 하늘(처음 하늘), 둘째 하늘(새 하늘), 셋째 하늘, 빨랫줄 위에 보이는 하늘에선 있을 수도 없는 말이죠. 어떻게 하늘을 첫째, 둘째, 셋째로 나눌 수 있겠습니까?

> [계 21:1] 또 내가 새 하늘과 새 땅을 보니 처음 하늘과 처음 땅이 없어졌고…

> [고후 12:2] 내가 그리스도 안에 있는 한 사람을 아노니 십사 년 전에 그가 세째 하늘에 이끌려 간 자라

또 시편 11편을 봅니다.

> [시 11:4] 여호와께서 그 성전에 계시니 여호와의 보좌는 하늘에 있음이여…

여호와의 보좌가 있는 곳이 하늘이랍니다. 즉, 하나님이 계신 곳이 하늘이다. 하나님은 하늘에 있다는 고정관념을 버리고 하나님 계신 곳은 그 어디나 하늘이라 칭함을 아셔야 합니다. 하나님 계신 곳 하늘나라, 한자로 쓰면 천국, 곧 영계의 하늘을 말하는 것이지 빨래 널다 보는 육계의 하늘을 말함이 아닙니다. 영계의 하늘은 빨랫줄 아래에도 있고 사람 안에도 이루어

집니다. 이 말이 어려울 수 있으나 이 케케묵은 고정관념을 헐지 않으면 성경은 이해할 수 없으므로 매우 중요한 대목입니다. 마치 임금이 계신 곳은 어디나 궁궐이 될 수 있듯이, 하나님이 계신 곳은 그 어디나 하늘입니다. 이 '영계 하늘'은 2천 년 전 예수님께 왔었습니다.

[마 4:17] 예수께서 비로소 전파하여 가라사대 회개하라
천국이 가까웠느니라…

이렇게까지 말씀드려도 하늘은 그래도 sky뿐이야 하는 분은 다음 페이지를 읽으시면 아니 됩니다. 천국(영계 하늘)은 예수님께 온 것이고 예수님이 세우신 12제자와 함께 했지만 하나님과 천국을 기다려온 그 시대 목자들은 예수님을 몰라보고 죽였기 때문에 천국(하늘)을 만나지 못했습니다. 아담 때 떠나신 것처럼 다시 떠나신 하나님은 예수님 재림 때 다시 오신다고 하셨으므로 그 임재를 소망하는 기도가 주기도문입니다. 그 하늘이 이 땅에 임할 때 하나님의 소원이 이루어지며, 하나님의 소원이 이루어져야 우리의 소원도 이루어집니다. 저 푸른 sky는 우리의 소원과 아무 관계가 없으며 빨랫줄 아래로 내려올 수도 없습니다. 하늘의 고정관념에서 빨리 나오셔야 합니다.

2) 우리 아버지여

또 아버지라 부르며 시작하라고 하셨습니다. 하나님께 아버지라고 부를 자격은 어떻게 주어질까요? 교인이 되면 그렇게 부를 수 있나요? 천주교인이 되려면 수 개월간 교육을 받아야 하고 개신교인이 되려면 아무 교회에나 가면 그 날로 됩니다. 하나님의 자녀 되기가 불공평해 보입니다.

교회는 크고 으리으리한 곳도 많고 지하실에 작고 가난한 곳도 많습니다. 아무 데나 들어가서 교회 명부에 이름 올리고 그날부터 '하나님 아버지' 하고 기도하면 될까요? 그것은 커다란 결례입니다.

우리가 길을 가는데 피부색이 다른 외국인 아이가 아버지 하고 따라오면 어떨까요? 미친 사람 처다보듯 해도 "그래도 당신은 내 아버지여." 하며 자꾸 따라온다면 기겁을 하고 도망가지 않을까요? 하나님도 외면해버리십니다.

씨가 없는 자들은 사람취급도 안 하신 거 아시죠? 짐승취급 하셨습니다(잠 30:2) [41].

세상의 이치도 아버지의 씨를 받아야 아버지라 부를 수 있

---

41) **잠 30:2** 나는 다른 사람에게 비하면 짐승이라 내게는 사람의 총명이 있지 아니하니라

습니다. 김 아무개는 김 씨의 씨를 받아야 하고, 박 아무개는 박 씨의 씨를 지녀야 그 가문의 자손이 될 수 있듯이, 하나님의 씨를 지녀야 하나님께 아버지라 부를 자격이 있는 것입니다. 하나님의 씨는 말씀(눅 8:11)이라 하셨습니다.

교회 명부에 이름 올리는 것이 중요한 게 아니라 자기 안에 말씀을 간직해야 하나님의 자녀가 될 수 있는 것입니다. 그러면 세상에는 하나님의 씨만 있느냐, 아닙니다. 마귀의 씨도 있습니다. 육적인 씨는 그 종류가 수도 없이 많지만 영적인 씨는 하나님 씨와 마귀 씨 두 가지뿐입니다.

창조주 하나님이 계신 반면에 하나님의 역사인 것처럼 가장하여 나타나는 사단 마귀 역사가 있습니다. 마귀는 하나님의 성전에 앉아 자기를 하나님이라 하는 존재입니다(살후 2:4) [42]. 그리고 그들도 자식이 있습니다. 참 하나님의 자녀가 있는 반면에 거짓 하나님의 자식도 있다는 것입니다.

예수님 초림 때엔 예수님과 소수의 제자들 외엔 모두 거짓 하나님의 자식이었습니다. 그래서 예수님은 그 당시 하나님께

---

42) **살후 2:4** 저는 대적하는 자라 범사에 일컫는 하나님이나 숭배함을 받는 자 위에 뛰어나 자존하여 하나님 성전에 앉아 자기를 보여 하나님이라 하느니라

아버지라 불러온 유대인들에게 너희 아비는 마귀(요 8:44) [43] 라 하셨지 않습니까.

예수님의 말씀처럼 거짓말하는 마귀의 씨를 받으면 마귀의 자식이 되는 것입니다. 그들은 오히려 이렇게 말합니다. 우리가 섬기는 하나님을 마귀라고 하는 네가 마귀가 아니냐? 그들은 오히려 예수님을 나사렛 이단의 괴수며 귀신 씌운 자라고 몰아붙여 죽였습니다.

예수님과 유대인들이 극명하게 달랐고 말이 안 통했던 것은 서로 씨가 달랐기 때문입니다. 예수님과 유대인이 섬긴 신(하나님)이 서로 달랐다는 것을 알아야 합니다.

결국 하나님께 아버지라 부를 수 있는 소수의 사람들은 모두 거짓 하나님의 자식들에게 죽임을 당합니다. 그리고 그들의 후손들은 오늘날까지 자기 하나님은 거짓 하나님일 리가 없다며 평안해합니다. 저희가 평안하다 안전하다 할 그때에 멸망이 홀연히 이르리라 한 말씀(살전 5:3) [44] 이 이루어졌습니다. 요한계

---

43) **요 8:44** 너희는 너희 아비 마귀에게서 났으니 너희 아비의 욕심을 너희도 행하고자 하느니라 저는 처음부터 살인한 자요 진리가 그 속에 없으므로 진리에 서지 못하고 거짓을 말할 때마다 제 것으로 말하나니 이는 저가 거짓말장이요 거짓의 아비가 되었음이니라

44) **살전 5:3** 저희가 평안하다, 안전하다 할 그때에 잉태된 여자에게 해산 고통이 이름과 같이 멸망이 홀연히 저희에게 이르리니 결단코 피하지 못하리라

시록의 비밀이 열린 오늘날은 열린 비밀을 아는 사람과 모르는 사람은 옛날 예수님과 유대인처럼 극명하게 다른 길을 갈 수밖에 없습니다.

하나님께 아버지라 부를 수 있는 자는 좁은 길에 선 사람들뿐이고 넓은 길에 선 많은 크리스천은 옛날 유대인처럼 아버지라 부를 수 없습니다. 왜? 말씀(씨)을 지니지 못했기 때문입니다.

3) 이름이 거룩히 여김을 받으시오며

'이름이 거룩히 여김을 받으시오며'는 무슨 뜻일까요? 거룩한 목소리로 이름을 부르는 것? 그럼 목소리가 갈라지거나 중후하지 못한 여성들은 어쩌나요? 아니면 거룩한 마음으로 하나님을 떠올리는 것? 이도 저도 다 아닙니다. 얼토당토않은 생각에서 빨리 나오셔야 합니다.

성경에는 여호와의 이름을 망령되이 일컫지 말라 하셨습니다.

[출 20:7] 너는 너의 하나님 여호와의 이름을 망령되이 일컫지 말라 나 여호와는 나의 이름을 망령되이 일컫는 자를 죄 없다 하지 아니하리라

하나님의 씨로 나야 아버지라 부를 수 있는데 씨도 없는 사람들이 마구 부르면 망령되이 일컫는 것입니다. 육적 세상에서도 피부색이 다른 아이가 아버지라 부르며 따른다면 기겁을 하겠죠? 씨를 지녀야 아버지라 부를 수 있습니다.

그리고 하나님이 하나님의 이름으로 보내신 목자를 알아보고 그를 부르며 따르는 것이 그 이름을 거룩히 여기는 것입니다. 주의 이름으로 보내심을 받은 자에게 욕하고 침 뱉고 놀리면서 자기들은 주의 이름을 거룩히 여긴다고 생각한 자들이 이스라엘 백성들이었습니다.

시편 118편 26절을 보면 '여호와의 이름으로 오는 자 [45]'가 있습니다. 누군지 아시죠? 예수님이 여호와의 이름으로 오는 자였습니다. 요한복음 5장 43절 [46] 에도 나는 내 아버지의 이름으로 왔다 하셨습니다. 이사야 62장 2절에도 여호와의 입으로 정하실 새 이름이 있는데 예수님을 알아보고 부르는 것이 하나님의 이름을 거룩히 여기는 것입니다.

하나님께 모든 유업을 받았고, 그를 통하지 않고는 하나님

---

45) **시** 118:26 여호와의 이름으로 오는 자가 복이 있음이여 우리가 여호와의 집에서 너희를 축복하였도다

46) **요** 5:43 나는 내 아버지의 이름으로 왔으매 너희가 영접지 아니하나…

께로 올 자가 없다 하신(요14:6) [47] 예수를 몰라보고 그에게 침 뱉고 능멸한 자들은 이름을 거룩히 여긴 게 아니라 정반대의 역적 짓을 한 것입니다.

오늘날은 어떨까요? 요한복음 14장 26절을 보면 예수님의 이름으로 오는 성령이 있고 그 보혜사 성령이 함께하는 목자가 있습니다.

> [요 14:26] 보혜사 곧 아버지께서 내 이름으로 보내실 성령 그가 너희에게 모든 것을 가르치시고 내가 너희에게 말한 모든 것을 생각나게 하시리라

> [마 23:39] …이제부터 너희는 주의 이름으로 오시는 이여 할 때까지 나를 보지 못하리라… (예수님의 이름으로 오시는 이여 할 때 예수님이 보인다는 뜻)

초림 때는 '하나님의 이름으로 오는 자'를 영접하여야 천국에 갈 수 있었고

재림 때는 '예수님의 이름으로 오는 자'를 영접하여야 천국에 갈 수 있습니다.

요한계시록 3장 12절을 보면 하나님의 이름과 예수님의 새 이름을 그이 위에 기록하리라 한 목자가 있습니다. 이 목자

---

47) **요 14:6** 예수께서 가라사대 내가 곧 길이요 진리요 생명이니 나로 말미암지 않고는 아버지께로 올 자가 없느니라

를 알아보고 부르는 것이 하나님의 이름을 거룩히 여기는 것입니다.

> **[계 3:12] 이기는 자는 내 하나님 성전에 기둥이 되게 하리니**
> **그가 결코 다시 나가지 아니하리라 내가 하나님의**
> **이름과 하나님의 성 곧 하늘에서 내 하나님께로부**
> **터 내려오는 새 예루살렘의 이름과 나의 새 이름을**
> **그이 위에 기록하리라**

그러나 초림 때 예수님이 능멸을 당하신 것 같이 재림 때도 예수님의 이름으로 오는 목자도 똑같이 핍박과 능멸을 당합니다. 그러나 그 목자는 하나님과 예수님이 함께 하기 때문에 모든 고난을 이겨냅니다. 위 계 3장 12절의 말씀처럼 그는 결코 우리 곁을 떠나지 않는다고 쓰여 있습니다. 이 목자를 찾아야 합니다. 결국엔 하나님의 아들이 되고(계 21:7) [48] 모든 유업을 얻으며 하나님과 예수님과 한 보좌에 앉아 만국을 통치하게 되는 목자를 찾아야 합니다(계 3:21) [49].

초림 때 '여호와의 이름으로 온 예수님'을 알아보고 그 이름을 부르는 것이 아버지를 믿는 거와 같이 재림 때에는 '예수님

---

48) **계 21:7** 이기는 자는 이것들을 유업으로 얻으리라 나는 저의 하나님이 되고 그는 내 아들이 되리라

49) **계 3:21** 이기는 그에게는 내가 내 보좌에 함께 앉게 하여 주기를 내가 이기고 아버지 보좌에 함께 앉은 것과 같이 하리라

의 이름으로 오시는 이'를 알아보아야 예수님이 보이고 아버지의 이름을 거룩히 여기는 것입니다. 그러므로 재림 때엔 예수님의 이름만 부를 것이 아니라 '예수님의 이름으로 오는 목자'의 이름도 불러야 예수님과 하나님의 이름을 거룩히 여기는 것입니다.

2. 10절 : 나라이 임하옵시며, 뜻이 하늘에서 이룬 것같이 땅에서도 이루어지이다

1) 나라이 임하옵시며

임하는 나라는 어디이며 임해오는 나라는 무엇인가? 주기도문은 하늘 영계의 나라가 이 땅에 임해 오시어 하나가 되는 것과 떠나가신 하나님께서 다시 이 땅에 창조된 나라에 임하시는 것을 구하는 기도입니다. 그러면 임하는 나라는 어떤 나라일까요? 하나님의 나라 즉 천국입니다.

성경에서 가르치는 천국은 두 가지가 있습니다. 세상은 영의 세계와 육의 세계로 나뉜 것처럼 영계의 천국과 육계의 천국이 있습니다. 둘 다 하나님의 나라입니다. 그러면 임해오기를 기도하라 했을 때 이 임해오는 나라는 영의 나라겠습니까? 육의 나라겠습니까? 하늘에서 이룬 것 같이 이 땅에 이루어지는 육계의 나라가 영계의 나라를 덧입기를 기도하는 것입니다.

마태복음 4:17절에 회개하라 천국이 가까이 왔다고 하신 나라도 영계의 천국입니다. 그런데 천국이 가까이 왔는데도 자기 땅 자기 백성이 영접하지 않았습니다. 그래서 임해 오려던 영계의 천국은 떠나버렸습니다. 마태복음을 보겠습니다.

**[마 21:43] 그러므로 내가 너희에게 이르노니 하나님의 나라를
너희는 빼앗기고 그 나라의 열매 맺는 백성이
받으리라**

그러므로 하나님의 나라를 너희는 빼앗긴다 했을 때 영계의 천국은 육적 이스라엘에게 임해오지 않았습니다. 그들은 예수님을 영접지 아니하므로 이제 하나님의 나라를 빼앗기고 천국은 떠나가 버렸습니다. 이렇게 떠나간 영계 천국이라는 하나님의 나라는 언제 임해올까요? 바로 재림 때 임해오게 됩니다 (눅 22:18). 누구에게요? [50] 바로 열매 맺는 백성이 받으리라고 예언되어 있습니다. 떠나가신 하나님의 나라가 다시 임해 올 것을

---

50) 눅 22:18 내가 너희에게 이르노니 내가 이제부터 하나님의 나라가 임할 때까지 포도나무에서 난 것을 다시 마시지 아니하리라 하시고

요한계시록에 자세히 예언해 주셨습니다.

계시록 4장에 보면 영계 하나님의 보좌 형상이 있습니다. 그 떠나가신 영계의 나라가 임해올 것입니다. 장차 오실 자라 그랬습니다. 초림 때 떠나가신 하나님의 나라가 이제 재림 때 임해 오는데 누구에게 임해 온다고 약속하셨는지 찾아보겠습니다.

> **[계 21:1~2] 또 내가 새 하늘과 새 땅을 보니 처음 하늘과 처음 땅이 없어졌고 바다도 다시 있지 않더라. 또 내가 보매 거룩한 성 새 예루살렘이 하나님께로부터 하늘에서 내려오니 그 예비한 것이 신부가 남편을 위하여 단장한 것 같더라**

사도 요한에게 내려옵니다. 거룩한 성 새 예루살렘이 새 하늘 새 땅에 임해옵니다. 나라가 임해오기를 2000년간 기도를 했는데 옛날 사도 요한이 다시 살아나서 '내가 보매….' 하는 것이 아니라 사도 요한 격 목자(새 요한), 약속된 목자가 보게 됩니다.

오늘날에 이루어지는 모든 일은 예수님이 보내는 그의 사자, 요한계시록 3장의 '이긴 자'인 새 요한이 보게 됩니다. 그리고 예수님처럼 12제자를 세워 자기가 본 것을 모두 말합니다.

2) 뜻이 하늘에서 이룬 것같이 땅에서도 이루어지이다

이 기도의 내용이 무엇일까요? 하나님의 뜻이 하늘에서 이루어진 것 같이 땅에서도 이루어지기를 원한다는 말입니다. 육계의 나라를 땅에서 이루어 놓기만 하면 영계 나라가 임해 온다는 것입니다. 2000년간 주기도문을 외웠던 선지 사도들은 이 기도의 응답을 받지 못한 채 주문처럼 외우다가 떠나갔지만 이제 우리는 기도의 응답을 받는 복된 시대에 살게 되었습니다.

모세도(출25장) 예수님도(요5장) 하늘의 것을 보고 이 땅에 그와 같이 이루셨습니다. 이와 같이 주 재림 때에도 마귀와 싸워 이긴 사도요한 격 목자가 요한계시록 21장과 4장에서 본 거룩한 성 새 예루살렘을 요한계시록 3장 12절에서와 같이 이루십니다.

하나님의 나라는 영계의 나라와 육계의 나라가 있습니다. 예수님께서는 공생애 3년을 마치시고 구약예언을 다 이루신 후에 제자들에게 떠나가실 것을 예언하셨습니다. 요한복음 14장을 보면 이런 말씀을 하셨습니다. 너희는 마음에 근심하지 말라 하나님을 믿으니 또 나를 믿으라. 내가 너희를 위하여 처소를 예비하러 가노라고 하셨습니다.

[요14:1~3] 너희는 마음에 근심하지 말라 하나님을 믿으니 또 나를 믿으라 내 아버지 집에 거할 곳이 많도다 그렇지 않으면 너희에게 일렀으리라 내가 너희를 위하여 처소를 예비하러 가노니 가서 너희를 위

**하여 처소를 예비하며 내가 다시 와서 너희를 내
게로 영접하여 나 있는 곳에 너희도 있게 하리라**

내가 지금은 땅에 있지만 처소를 예비하러 가신다는 것입니다. 그럼 어디로 가신다는 것입니까? 육적인 하늘이 아닙니다. 저 푸른 sky가 아닙니다. 영의 세계로 가신다는 말씀입니다. 십자가를 지시고 돌아가신 후에 그 영혼이 하나님 보좌 옆에 앉게 되는 것입니다. 예수님께서 이 땅에 있는 제자들을 위해 처소를 예비하신다는 것입니다. 그 제자들은 복음을 위해 순교의 길을 걷게 될 것이고, 순교한 영들이 함께 거하는 처소가 있다는 것입니다. 그곳이 예비 되면 다시 와서, 다시 온다는 것은 재림 때를 말씀하시지요? 다시 와서 너희를 내게로 영접하겠다는 것입니다.

**[요14:20] 그 날에는 내가 아버지 안에, 너희가 내 안에 내
가 너희 안에 있는 것을 너희가 알리라**

그 날이 언제입니까 다시 오시는 재림 때. 누구에게 오셔서 함께하실까요? 예수님의 말씀을 지키는 자와 함께하십니다. 요한복음 14장 21절도 보겠습니다.

**[요14:21] 나의 계명을 가지고 지키는 자라야 나를 사랑하
는 자니 나를 사랑하는 자는 내 아버지께 사랑을
받을 것이요 나도 그를 사랑하여 그에게 나를 나
타내리라**

예수님께서 누구에게 나타나신다고 하십니까? '그에게 나를 나타내리라' 그러면 그는 누구입니까? 내 계명을 가지고 지키는 자, 예수님의 말씀을 지키는 자, 그 사람이 나를 사랑하는 자니 나를 사랑하는 그에게 와서 거처를 영원토록 함께 하겠다고 약속하셨습니다. 그리고 하나님 나라가 임해온다는 말씀은 이 땅에 조건들을 우리가 채우면 하늘에서 이루어진 영계 하나님의 나라가 임해온다는 말씀입니다. 그렇죠? 우리가 하늘 어디로 가는 것이 아닙니다. 지금까지 2000년 동안 이 땅에 예언이 이루어지지 않았을 때에는 예수 믿고 구원받기 위해 하늘 어딘가로 가는 나라를 꿈꿔왔습니다. 그러나 재림의 때는 가는 나라가 아니라 하나님의 나라가 이 땅에 임해온다는 사실을 알아야 합니다.

3. 11절 : 오늘날 우리에게 일용할 양식을 주옵시고

여기선 오늘날과 양식의 뜻을 바로 알아야 합니다.

이 오늘날은 예수님 이후 현재까지 약 2000년간 오늘날 오늘날 해왔습니다만 진정한 오늘날은 언제를 말할까요? 오늘날에 대해 먼저 시편 2편을 펴보겠습니다. 구약의 예언이 초림 때 이루어진 사실을 잘 기억하면서 이 예언의 말씀이 초림 때 어떻게 이루어졌는지 알아보겠습니다.

> **[시 2:6~7]** 내가 나의 왕을 내 거룩한 산 시온에 세웠다 하시 리로다. 내가 영을 전하노라 여호와께서 내게 이르 시되 너는 내 아들이라 오늘날 내가 너를 낳았도다

내가 시온에 한 왕을 세웠다고 하십니다. 시온에다가 왕을 세웠는데 왕은 내 아들이고 오늘날 내가 너를 낳았다는 것입니다. 이 시편 2편의 말씀은 예수님을 가리켜 주전 1000년 전에 미리 예언한 말씀입니다. 그러면 '오늘날'은 1000년 후 예수님이 출현한 시점이 오늘날임을 알 수 있을 것입니다. 이 오늘날이라는 시점은 예언이 이루어지는 실상의 날로서 장래의 어느 한 날을 가리켜 미리 오늘날이라고 일컬은 것입니다.

히브리서 4장 7절을 읽어보시면 '오늘날'은 장래에 정해둔 날임을 확연히 알 수 있습니다. 곧 실상으로 나타나는 장래의 날이 오늘날인 것입니다.

> **[히 4:7]** 오랜 후에 다윗의 글에 다시 어느 날을 정하여 오늘 날이라고 미리 이같이 일렀으되 오늘날 너희가 그의 음성을 듣거든 너희 마음을 강퍅케 말라 하였나니

다음은 양식에 대해 알아보겠습니다.

먼저 구약 때는 육적인 양식이었습니다. 하늘에서 만나를

내려서 날마다 먹게 해주셨습니다. 민수기서 11장 6절부터 9절의 말씀을 보겠습니다.

[민 11:6~9] 이제는 우리 정력이 쇠약하되 이 만나 외에는 보이는 것이 아무것도 없도다 하니 만나는 깟씨와 같고 모양은 진주와 같은 것이라 백성이 두루 다니며 그것을 거두어 맷돌에 갈기도 하며 절구에 찧기도 하고 가마에 삶기도 하여 과자를 만들었으니 그 맛이 기름 섞은 과자 맛 같았더라. 밤에 이슬이 진에 내릴 때에 만나도 같이 내렸더라.

모세 때는 이렇게 하늘에서 육적인 양식을 내려 주셔서 먹게 했습니다. 바로 그 양식은 '만나'라고 했습니다. 그다음을 보시면 메추라기와 떡과 고기를 먹게 해주셨습니다. 이때는 진짜 육적인 양식이었습니다. 그러나 예수님 때인 신약시대에 와서는 하늘에서 만나와 메추라기를 내린 적이 없습니다. 그 대신 예수님이 자신을 하늘에서 내려온 산 떡이라 하셨습니다(요 6:51) 51). 예수님의

---

51) 요 6:51 나는 하늘로서 내려온 산 떡이니 사람이 이 떡을 먹으면 영생하리라 나의 줄 떡은 곧 세상의 생명을 위한 내 살이로라 하시니라

육체를 뜯어 먹는 것이 아니라 예수님의 말씀을 귀로 들어먹는 것이 일용할 양식을 먹는 것입니다.

예수님은 주기도문을 말씀하신 장에서 '**무엇을 먹을까 무엇을 마실까 기도하지 말라 이는 다 이방인들이 구하는 것이라**'고 하셨습니다(마 6:31). 그러므로 예수님이 말씀하신 양식은 영적 양식인 것입니다. 또 요한계시록 10장 9절에 보면 성경책을 달라는 요한에게 천사가 가로되 '**갖다 먹어버리라** 52)' 했습니다. 책은 읽는 거지 먹는 게 아니잖아요. 하늘에선 책을 음식으로 여겼듯이 예수님의 음식은 모두 영적 음식입니다.

그러나 많은 사람들은 실제 음식 앞에서 일용할 양식을 주심에 감사해 합니다. 잘못된 행동은 아닙니다만 주기도문에 비추인 기도는 아닙니다.

모세 때는 육적인 만나와 메추라기를 먹고 생명을 유지했지만 초림 때 예수님은 육체를 살찌우는 양식이 아니라 영을 살찌우는 양식을 나눠주셨으므로 우리는 영이 죽지 않도록 노력해야 합니다. 그래서 중요한 것은 오늘날입니다. 오늘날 재림 때에는 육적 양식이겠습니까? 영적 양식이겠습니까? 당연히 영적 양식입니다.

---

52) **계 10:9** 내가 천사에게 나아가 작은 책을 달라 한즉 천사가 가로되 갖다 먹어버리라 네 배에는 쓰나 네 입에는 꿀같이 달리라 하거늘

예수님께서 마태복음 24장 45절부터 47절까지 말씀하십니다. 마지막 때 처처에 기근과 기갈이 있게 되는데 이 기근을 해결하기 위해서 때를 따라 양식을 나눠주는 충성되고 지혜 있는 종이 하나 있다고 하십니다 [53].

여기서 처처에 있는 기근을 많은 교회에선 육적 기근으로 가르치나 예수님께선 말씀이 없는 영적 기근을 말씀하신 것입니다. 아모스 8장 11절을 보면 하나님께서 그 날에(말세에) 내가 기근을 땅에 보낼 텐데 그 기근은 양식이 없는 주림이 아니며 물이 없는 갈함이 아니고 여호와의 말씀을 듣지 못할 기갈이라 하십니다[54].

그러나 많은 교회에선 육적 지진이나 기갈을 가리켜 말세의 징조로 설명합니다만 그건 들어선 아니 될 거짓말입니다.

예수님은 말씀이 없어 어두운 밤과 같은 세상에서 기근을 해결하기 위해 충성되고 지혜 있는 종에게 모든 소유를 맡기신

---

53) **마 24:45** 충성되고 지혜 있는 종이 되어 주인에게 그 집 사람들을 맡아 때를 따라 양
 식을 나눠 줄 자가 누구뇨
 46 주인이 올 때에 그 종의 이렇게 하는 것을 보면 그 종이 복이 있으리로다
 47 내가 진실로 너희에게 이르노니 주인이 그 모든 소유를 저에게 맡기리라

54) **암 8:11** 주 여호와께서 가라사대 보라 날이 이를지라 내가 기근을 땅에 보내리니 양
 식이 없어 주림이 아니며 물이 없어 갈함이 아니요 여호와의 말씀을 듣지 못
 한 기갈이라

다고 하셨습니다. 때를 따라 먹을 양식은 예수님께서 직접 주시는 게 아니라 충성되고 지혜 있는 종을 통해서 주신다고 하셨으니 우리는 충성되고 지혜 있는 한 목자를 찾아야 합니다.

이 세상의 모든 목자들이 자기가 주의 종이라고 말하고 있지만 하나님과 예수님의 마음도 정말 그럴지 우리는 돌아보아야 합니다. 우리에게 양식을 나눠줄 충성되고 지혜 있어 모든 소유를 맡길 목자는 단 한 사람이라 하셨습니다(마 24:45). 그는 요한계시록 3장 12절과 같이 하나님의 이름과 예수님의 새 이름을 그이 위에 기록하리라 하신 목자입니다. 요한계시록 3장 21절과 같이 예수님 보좌에 하나님과 셋이 함께 앉게 될 분입니다.

예수님께서는 비유로 비밀을 말씀하셨지만 때가 되면 아버지에 대한 모든 것을 밝히 일러 줄 때가 있다고 하셨습니다. 이것은 예수님이 직접 풀어주신다는 뜻이 아니라 충성되고 지혜 있는 종을 통해 양식을 주듯 우리에게 먹여주신다는 예언입니다. 충성되고 지혜 있는 종은 요한계시록 3장의 사도 요한 격 목자를 말씀하신 것입니다.

그러므로 계시의 말씀이 풀리기 시작하면 주변을 돌아보아야 합니다. 주기도문도 새롭게 풀린 게 맞으면 예수

님께서 보내시겠다 하신 '그의 사자'가 우리 곁에 오신 건 아닐까 경외하는 마음으로 찾아보아야 합니다(계 22:16) [55].

4. 12절 : 우리가 우리에게 죄 지은 자를 사하여 준 것같이 우리 죄를 사하여 주옵시고

예수님께서는 제자들에게 너희는 이렇게 기도하라고 가르쳐 주셨습니다. '우리가 우리에게 죄지은 자를 사하여 준 것같이 우리 죄를 사하여 주옵시고' 그러나 우리는 나의 죄를 사하여 달라는 기도만 해왔습니다. 우리가 우리에게 죄 지은 자를 사하여 주지 않으면, 우리 죄를 사해달라고 기도할 수 없는데도 말입니다.

그럼 여기서 죄는 어떤 죄를 말까요? 다음 2가지로 생각해야 합니다. 첫 번째는 사람과 사람 사이의 죄가 있고 두 번째는 하나님과 사람 사이의 죄가 있습니다. 나에게 죄지은 자를 용서해주었사오니 내 죄도 용서해주옵소서 하고 기도하는 것은 첫 번째 죄를 말합니다.

성경은 죄를 크게 두 가지로 나눕니다. 다음 구절을 보겠습니다.

---

55) **계 22:16** 나 예수는 교회들을 위하여 내 사자를 보내어 이것들을 너희에게 증거하게 하였노라

[요일 5:16] 누구든지 형제가 사망에 이르지 아니한 죄 범
하는 것을 보거든 구하라 그러면 사망에 이르
지 아니하는 범죄자들을 위하여 저에게 생명
을 주시리라 사망에 이르는 죄가 있으니 이에
대하여 나는 구하라 하지 않노라

어떤 죄가 있다고요? 사망에 이르지 않는 죄가 있고, 사망
에 이르는 죄가 있다고 했습니다. 사망에 이를 수밖에 없는 죄,
용서받을 수 없는 죄가 있는데 이 죄에 대해서는 구하라 하지
않는다는 것입니다. 그리고 용서받을 수 있는 죄가 있다는 것
입니다. 용서받지 못할 죄는 예수님 안에서 역사하는 성령을
거역하면 용서받지 못한다는 것입니다. 이것이 바로 성령을 훼
방하는 죄입니다. 성령 훼방죄 들어보셨습니까? 마태 12장 31
절 이하 32절에 보게 되면 하나님의 성령을 훼방하는 죄, 예수
님의 진리를 훼방하는 죄는 이 세상과 오는 세상에서도 사하심
을 얻지 못한다고 되어있습니다.

[마 12:31~32] 그러므로 내가 너희에게 이르노니 사람의 모
든 죄와 훼방은 사하심을 얻되 성령을 훼방하
는 것은 사하심을 얻지 못하겠고 또 누구든지
말로 인자를 거역하면 사하심을 얻되 누구든
지 말로 성령을 거역하면 이 세상과 오는 세상
에도 사하심을 얻지 못하리라

그러나 사망에 이르지 않는 죄가 있으니 그것은 사람과 사

람 사이의 지은 죄로 서로 용서하면 하나님께 사함 받을 수 있다는 것입니다. 여기서 중요한 것은 사람과 사람 사이의 죄는 사람끼리 화해를 해야지 하나님께 용서를 빌면 안 된다는 것입니다.

하나님께 예물을 드리다가도 형제와 싸운 일이 생각나면, 예물을 드리고 돌아가서 화해하는 게 아니라 화해부터 하고 와서 예물을 드리라 하셨습니다. 내가 옆집 철수와 다퉜는데 철수와 화해를 해야지 하나님께 '철수와 다퉜으니 용서해주세요.' 하고 나서 나는 죄 사함 받았다고 싱글싱글 웃고 다니면 철수는 얼마나 상처받겠습니다. 그것은 하나님을 욕보이는 행동이므로 화해와 용서의 방향도 매우 중요하다는 걸 잊어선 안 됩니다.

그리고 용서는 몇 번까지 해주면 좋을까요? 마태복음 18장 21절과 22절을 보게 되면 베드로가 예수님께 나아와서 묻습니다. 예수님! 형제가 내게 와서 죄를 범하면 몇 번이나 용서해줄까요? "일곱 번이면 되겠지요?" 하고 베드로가 묻습니다. 그러나 예수님께서는 일흔 번씩 일곱 번이라도 용서하라고 하십니다. 형제끼리의 죄라는 것은 결국 사람과 사람 사이의 죄라는 것입니다. 일흔 번씩 일곱 번이면 몇 번이에요? 490번, 이 말은 무조건 용서하라는 뜻입니다[56].

성경 안에서 가르치신 것은 사람과 사람 사이의 죄라면 그
것을 쌓아놓고 서로 원수를 만들지 말고 용서와 사랑의 사람이
되라고 부탁하신 것입니다. 그렇다고 무조건 용서하라니까 그
것을 이용하는 악한 사람도 있겠지요? 성경은 바보처럼 살아
서도 안 된다고 가르칩니다. 아무 때나 용서하라는 것이 아니
라 회개하거든 용서하라 했습니다. 악한 사람이 있다면 용서할
수가 없습니다. 성경에서는 어떤 용서를 하라고 하셨는지 누가
복음 17장을 보겠습니다.

> **[눅 17:3~4] 너희는 스스로 조심하라 만일 네 형제가 죄를
> 범하거든 경계하고 회개하거든 용서하라 만일
> 하루 일곱 번이라도 네게 죄를 얻고 일곱 번 네
> 게 돌아와 내가 회개하노라 하거든 너는 용서하
> 라 하시더라.**

너희는 스스로 조심하라 그랬습니다. 죄를 짓지 않도록 먼
저 조심하라는 것입니다. 그런데 만약에 형제가 죄를 지었다면
두세 번 권면하고 회개하거든 용서하라고 했습니다. 회개치 아

---

56) **마18:21~22** 그때에 베드로가 나아와 가로되 주여 형제가 내게 죄를 범하면 몇 번이
나 용서하여 주리이까. 일곱 번까지 하오리까. 예수께서 가라사대 네게
이르노니 일곱 번뿐 아니라 일흔 번씩 일곱 번이라도 할지니라

니하면 이방인처럼 여기라고 하셨습니다. 죄를 짓고도 회개하지 아니하면 하나님의 사람도 아니고 형제도 아니라는 말씀입니다. 예수님께서 우리에게 끝없는 용서를 당부하셨지만 그에 못지않게 반성과 회개가 중요하다고 하겠습니다.

마태복음 6장 14절로부터 15절을 보겠습니다.

[마6:14~15] 너희가 사람의 과실을 용서하면 너희 천부께서도 너희 과실을 용서하시려니와 너희가 사람의 과실을 용서하지 아니하면 너희 아버지께서도 너희 과실을 용서하지 아니하시리라

예수님께서 산 위에 올라온 너희라고 하는 예수님의 제자들에게 산상수훈으로 부탁하신 말씀입니다. 너희가 너희 형제의 과실을 용서해야 하나님께서도 용서해주시리라는 것입니다. 그런데 너희가 천국 백성이 되었다고 할지라도 너희가 너희 형제의 죄를 용서하지 않으면 하나님께서도 너희 죄를 용서하지 않는다는 것입니다.

5. 13절 : 우리를 시험에 들게 하지 마옵시고, 다만 악에서 구하옵소서. 나라와 권세와 영광이 아버지께 영원히 있사옵나이다. 아멘.

1) 우리를 시험에 들게 하지 마옵시고 다만 악에서 구하옵소서

시험에 들지 않도록 기도 하라는 것입니다. 기도하지 않으면 시험에 든다는 말씀이지요? 이는 예수님께서 재림 때 있게 될 사건을 아시므로 하신 말씀입니다. 마태복음 24장에 본바, 나라와 나라, 민족과 민족이 대적하여 싸우겠고, 이때 많은 사람이 미혹과 시험에 빠져 성도를 죽는 데로 잡아 주므로, 악惡이 성盛해 멸망자가 거룩한 단상에 서게 된다. 이 같은 시험에 빠지지 않게 해 달라고 기도하라는 말씀입니다.

성경 안에서의 시험은 어떤 시험인가? 또 악에서 구원받기를 기도하라고 하셨는데 악은 과연 무엇이고 시험하는 자는 과연 누구인가? 시험하는 자는 악한 자입니다.

아담 때를 보겠습니다. 시험하는 자가 누구겠습니까? 뱀이 바로 '악한 자'였습니다. 이 뱀은 아담과 하와를 미혹했습니다. 그리고 그들을 시험 들게 해서 선악과실을 따먹게 했지요. 악으로 변질되어 시험 들어서 결국 에덴동산에서 쫓겨났습니다. 그 악에서 건진 바 된 사람들은 노아와 세 아들입니다. 노아의 후손들은 시험에 들지 않은 사람들인 것입니다.

예수님 초림 때 뱀의 후손이 또 등장을 합니다. 누구였습니까? 서기관과 바리새인들이 바로 '악한 자'였습니다. 하나님은 선한 분이고 사단 마귀는 악한 존재가 아닙니까? 서기관 바리새인들이 온 유대인들을 다 미혹해서 유대교단을 전부 사로잡았습니다. 교권을 쥐고 단상을 차지하고 성전에 앉아 자기를 보여 하나님이라고 하며 미혹하고 시험에 들게 하여 악에 빠지게 했던 것입니다. 거기서 시험에 빠지지 않고 미혹 받지 않고 결국 악에서 건진 바 된 사람들이 바로 예수님과 12제자였던 것입니다.

오늘날도 마찬가지입니다. 재림 때도 뱀의 후손이 용으로 등장합니다. 그러나 오늘날의 용은 하나님께 잡혀 사단의 계보가 마침표를 찍게 됩니다. 용을 잡으니 옛 뱀이요 마귀요 사단이라 했습니다(계 20:2). 용=뱀=마귀=사단. 창세기에 등장했던 그 뱀이 초림 때에는 서기관과 바리새인으로 그리고 재림 때는 일곱 머리 열 뿔 가진 짐승인 붉은 용으로 등장했습니다.

이들이 바로 멸망자요 악한 자입니다. 이들은 알고 보니 또 어디를 미혹했습니까? 예수님께서 좋은 씨를 뿌려 놓은 그 밭에 원수 마귀가 가라지를 덧뿌려 놓았다는 것과 같이, 예수교제 밭을 미혹하여 음행의 진노의 포도주로(복술로) 만국을 시험에 빠지게 한 것입니다. 거기서 건진 바 된 사람들이 누가 있습니까?

먼저 약속의 목자 이긴 자와 12지파 시온산에 서 있는 144,000명은 천국 백성이 되어 미혹 받지 않고 악에서 선으로 건진 바 된 구원받은 백성입니다(계 7장). 재림 때의 시험은 만국을 미혹하고 시험한다는 것입니다. 요한계시록 3장의 말씀을 보겠습니다.

[계 3:10] 네가 나의 인내의 말씀을 지켰은 즉 내가 또한 너를 지키어 시험의 때를 면하게 하리니 이는 장차 온 세상에 임하여 땅에 거하는 자들을 시험할 때라

요한계시록이 성취되는 재림의 때에 어떤 시험이 있느냐? 네가 나의 인내의 말씀을 지켰은 즉 내가 또한 너를 지키어 시험의 때를 면하게 하리라. 무슨 때가 있다고 합니까? 시험의 때, 이 시험의 때에 우리가 인내의 말씀을 지키면 예수님께서 말씀을 지키는 자에게 시험의 때를 면하게 해 주신다는 것입니다.

어떤 시험이냐? 온 세상에 임하여 땅에 거하는 자들을 시련할 시험이 있다는 것입니다. 온 세상은 다른 표현으로 만국입니다. 만국이 미혹되어 있어요, 없어요? 미혹되어 있답니다. 누구로 인해서 미혹되어 있나요?

요한계시록 18장 23절에 보면 너의 상고들은 땅의 왕족들이라 네 복술을 인하여 만국이 미혹되었도다 [57] 하는 것처럼

---

57) **계 18:23** 등불 빛이 결코 다시 네 가운데서 비취지 아니하고 신랑과 신부의 음성이 결코 다시 네 가운데서 들리지 아니하리로다 너의 상고들은 땅의 왕족들이라 네 복술을 인하여 만국이 미혹되었도다

2000년 동안에는 정사와 권세와 이 세상 어두움의 주관자로 모든 나라가 사단의 나라가 되었습니다.

요한계시록 20장 2절에 용을 잡으니 옛 뱀이요 마귀요 사단이라고 한 것과 같이 제12장 3절 [58] 일곱 머리 열 뿔 가진 짐승(붉은 용)으로 인해서 만국이 미혹이 되었던 것입니다. 이 미혹된 만국을 멸하고 짐승과 우상과 그 이름의 수를 이기고 벗어나 하나님께로 나온 백성이 있습니다.

생명 되신 이 진리의 말씀으로 악에서 선으로 나온, 이 주기도문의 응답을 받는 구원의 백성, 하나님의 백성이 있다는 것입니다.

'시험에 들게 하지 마옵시고' 하니까 내게 닥친 어떤 어려운 일이 '시험'인줄 아는 분이 많은데 그런 시험이 아니라 성경적인 시험이 따로 있다는 것입니다. 성경적인 시험을 이기게 해달라고 기도하는 것이지 일상 생활적인 시험을 이기게 해달라는 기도가 아닙니다.

---

58) **계 12:3** 하늘에 또 다른 이적이 보이니 보라 한 큰 붉은 용이 있어 머리가 일곱이요 뿔이 열이라 그 여러 머리에 일곱 면류관이 있는데

하나님께서 온 세상 사람들이 그 진리의 사랑을 받는지 받지 아니하는지 보고 계십니다. 하나님은 진리를 믿지 않고 불의를 좋아하는 모든 자들이 사단의 역사를 따라가게 놔뒀다는 것입니다. 우리는 그 가운데 능력 표적 거짓 기적을 좇아가지 않고 진리를 좇는 참된 신앙인으로 거듭났으니 악에서 건진 바 된 줄 믿습니다. 시험에 들지 않고 악에서 구원받은바 되었으니 하나님께 감사와 영광을 올려드려야 합니다.

2) 나라와 권세와 영광이 아버지께 영원히 있사옵나이다.

여기서 아버지는 영의 아버지인 창조주 하나님이십니다. 영광을 받으시는 그때는 언제입니까? 배도 멸망 후에 구원의 때입니다. 아무 때나 하나님의 나라가 하나님의 권세가 하나님의 영광이 나타나는 것이 아닙니다. 이 하나님의 나라가 나타나는 시점은 요한계시록 12장 10절을 보면 이제부터 하나님의 나라가 이루어졌다는 때가 있습니다.

그러면 그 이전에는 하나님의 나라가 없었다는 것입니다. 요한계시록 12장 10절을 봅니다.

[계 12:10] 내가 또 들으니 하늘에 큰 음성이 있어 가로되
이제 우리 하나님의 구원과 능력과 나라와 또
그의 그리스도의 권세가 이루었으니…

이제 하늘장막에 일곱 머리 열 뿔 가진 짐승이 들어와서 42달간 멸망을 시키게 되고, 42달이 끝이 나게 되면 그 하늘장막에 침입한 그 용의 무리 일곱 머리 열 뿔 가진 짐승이 장막에서 내어 쫓기게 되므로 배도 멸망의 사건이 끝이 나는 것입니다. 멸망자가 내어 쫓겼으니 결국 '이제'라는 시점은 용이 내어 쫓긴 후, 다른 표현으로 42달 후, 또 다른 표현으로 배도 멸망 후, 그때서야 비로소 하나님의 구원과 하나님의 능력과 하나님의 나라와 그리스도의 권세가 이제야 이루어진다는 것입니다.

우리는 여태까지 구원이 있는 줄 알았지만 진짜 하나님의 구원은 용이 내어 쫓긴 후, 배도 멸망 후에 하나님의 구원이 있는 것입니다. 구원은 아무 때나 있는 것이 아닙니다.

이러한 내용들이 요한계시록 18장 바벨론 심판 후에, 요한계시록 19장에 나타납니다. 비로소 구원의 어린양 혼인 잔치가 베풀어지게 되고, 어린양의 혼인 잔치에 모인 구원 받을 백성들이 어떻게 영광을 올려드리는지 요한계시록 19장을 펴겠습니다.

[계 19:1] 이 일 후에 내가 들으니 하늘에 허다한 무리의
큰 음성 같은 것이 있어 가로되 할렐루야 구원과
영광과 능력이 우리 하나님께 있도다.

'나라와 권세와 영광이 우리 하나님께 영원히 있사옵나이다.' 하는 그 시점은 '이제'라는 시점으로 요한계시록 12장에 나와 있고, 19장에서는 이 일 후에 그랬습니다. 그러면 '이 일'이 어떤 일인가? 19장의 사건은 18장까지의 사건이 끝난 후에 있겠지요. 그러면 18장까지의 사건이 무슨 사건이냐? 18장은 귀신의 나라 바벨론을 소개하고 있고 그 바벨론이 심판받아 무너지는 내용입니다. 배도 심판 멸망심판 후에 19장에 하나님의 구원과 영광과 능력이 그때서야 비로소 있게 되는 것입니다.

그래서 주기도문의 내용은 예수님 때부터 예언된 말씀이란 것을 알았습니다. 2000년간 이 말씀이 이루어지기를 소망하면서 우리가 주문처럼 기도해 왔던 이 기도문의 핵심은 하나님의 나라와 의입니다. 하나님의 나라와 하나님의 의가 이 땅 가운데 이루어지기를 소망해온 기도입니다.

하나님은 시대마다 이전 세계가 부패하였을 때 새 목자를 택하여 새 시대를 여셨습니다. 아담세계, 노아세계, 아브라함과 모세세계, 예수님 이전에 이 세상에는 육적 이스라엘이 있었고, 초림 예수님은 영적 이스라엘을 창조하셨습니다(요 1:13).

예수님 다시 오실 오늘날에는 영적 새 이스라엘이 요한 계시록 7장과 14장에 기록된 대로 창조됩니다.

이러므로 이 기도는 말세 곧 요한계시록이 성취되는 오늘날 우리가 악한 사단에게 시험받지 않고 악에서 구원받게 해달라는 기도입니다.

"나라와 권세와 영광이 아버지께 영원히 있습니다. 아멘." 하고 영광 돌리는 그 실체가 바로 우리라는 것, 얼마나 감사한 일입니까.

2000년 전 이 주기도문이 예언의 말씀이었고 이제야 우리에게 성취된 실상으로 나타났다는 사실은 굉장히 놀라운 역사입니다. 우리 모두 이 말씀의 주인공이 될 수 있도록 진리의 말씀으로 거듭나기를 기도합니다.

행복을 찾아서

행복을 찾아서

I. 행복은 어디서 오는가?

해마다 1월이면 만나는 사람마다 복을 빌며 인사를 나눕니다. 우리나라만큼 이웃에게 복을 많이 비는 나라가 또 있을까요? "복 많이 받으세요." 푸짐하게 나눈 새해인사대로라면 우리나라는 행복한 나라여야 합니다. 그러나 덕담을 나누고 돌아서선 '아파서 죽겠네.' '배고파서 죽겠네.' '괴로워서 죽겠네.'가 쉽게 나옵니다. 매우 과장된 표현이지만 실제로 괴로워서 죽어버리는 사람이 많아 큰일입니다.

우리나라가 OECD 국가 중 자살률 1등이랍니다. 이런 기록을 증명이라도 하듯 정초부터 전 프로야구선수 조성민 성도의 자살소식이 사회에 충격을 주었습니다. 동생도 남편도 모두 데려간 탤런트 최진실 성도 역시 스스로 목숨을 끊은 사람은 구원이 없다는 사실을 몰랐으리라. 이 점이 목자의 한 사람으로서 안타까울 뿐입니다.

선남선녀들의 가슴 아픈 몰락을 보면서 행복의 의미를 다시 짚어봅니다. 많은 사람들이 행복의 원천이라 여기는 돈과 명예와 외모, 그것에 대하여 모자랄 것 없었던 사람이 바로 그들이었으니까요. 세인의 부러움을 한몸에 받던 스타들이 스스로 이 땅을 떠나는 일은 왜 일어날까요? 이 땅이 지옥이라 느꼈기 때문입니다. 그럼 그들이 항상 지옥 속에 산다고 느꼈을까요? 아닙니다. 자기들이 세상에서 가장 행복하다고 생각했던 때가 있었고 자기들 세상이 바로 천국이라고 여겼던 때도 있었습니다. 그러면 사람들은 왜 천국과 지옥을 오가다가 숨을 끊는 지경까지 이를까요? 행복은 사람 사이에 주고받는 일시적인 것이 아니라 신에게서만 오는 것임을 몰랐기 때문입니다.

행복 happiness는 happen에서 온 말로 '예상치 못한 시점에 쏟아지는 신의 은총'이라 합니다. 그러므로 행복하지 않은 사람은 신과 멀어져 있거나 끊어진 상태로 볼 수 있지요. 바꾸어 말하면 신을 모르고선 행복을 논할 수 없다는 것입니다. 신께 받는 '신의 은총'

이지 사람의 은총이 아니기 때문입니다. 그럼 이 신의 은총은 어떻게 받을 수 있을까요?

우리나라 경제계의 거목 이병철 님도 같은 고민을 했습니다. 죽음을 앞두고 그가 정리한 신과 사람에 대한 24가지 질문이 얼마 전 공개되어 큰 이슈가 되기도 했지요. 그의 24가지 고민 중 다섯 번째 질문을 잠깐 봅니다.

'신은 인간을 사랑했다면서 왜 고통과 불행과 죽음을 주었는가?' 진정한 행복은 신으로부터 오는데, 왜 인간을 사랑한다는 신이 행복이 아닌 불행과 죽음을 인간에게 주었냐는 질문입니다.

이병철 님의 현문에 대해 제가 존경하는 대선배 목자님은 아주 간명한 답을 주셨는데, 저는 그 목자의 말씀을 듣고 무릎을 쳤습니다. 그분은 인간의 불행과 고통, 죽음에 대해 '신은 두 가지가 있는데 인간을 불행하게 하는 것은 성신인 하나님이 아닌 사악의 신이 주는 것이나'고 설명했습니다. 얼마나 간단 명료한 답입니까. 신은 두 가지다.

하나님께서는 우리를 사랑하셨지만 사단이 만물을 가로채 하나님과 사람 사이를 끊어놓았고 신의 은총인 행복도 막고 있었던 것입니다. 창조주이신 하나님께서 이 사실을 피조물인 사람에게 알린 방법이 성경책입니다. 더 놀라운 사실은 이렇게 하나님과 끊어졌던 관계가 오늘날은 본래의 모습으로 회복단

계에 있다는 겁니다.

　본래의 모습으로 회복 중이란 하나님께서 사단에게 빼앗겼던 세상을 되찾고 있다는 뜻입니다. 성경에는 두 가지 신에 대해 분명히 기록되어 있고, 하나님이 만물을 소성하실 때에 대해서도 기록되어 있습니다. 단지 사람이 그것을 모를 뿐이고 그 때문에 불행과 죽음 앞에서 괴로워했습니다.

　그래서 우리는 교회에 다닌다고 안심하지 말고 성경에 관심을 가져야 합니다. 성경에 의하면 자살엔 구원이 없습니다. 혹시 지금 불행하다고 느끼신다면 신과 행복에 대해 정답을 알려주는 그 사람, 하나님과 우리를 이어주는 참 목자를 찾아보지 않으시렵니까? 진정한 행복은 어디서 오는가? 이 오묘한 물음에 대해 가슴이 탁 트이는 답을 당신도 곧 듣게 될 것입니다.

2. 하나님의 소원

'나라가 무엇을 해주기를 바라기 전에 여러분이 나라를 위해 무엇을 할 것인지를 생각하라!' 이 말은 1961년 미국의 존 F. 케네디가 대통령 취임사에서 강조하여 유명해진 말이다. 당시엔 미국 역사상 최연소 대통령이었던 그가 선배들과 어른들에게 외친 이 말은 얼마나 역동적이고 울림이 컸는지 아직도 살아 세계를 움직이고 있다.

미국은 대통령이 취임선서를 할 때 성경에 손을 얹게 하는 나라다. 하나님과 국민 앞에 맹세한다는 뜻이다. 이 광경을 하나님도 보신다고 상상해보자. '내가 나라를 위해 무엇을 할 것인가를 먼저 생각하라.' 이 말은 하나님 나라에도 절실한 말이다. 우리는 하나님께 무엇을 구하기 전에 하나님 나라를 위해 나는 무엇을 할 것인가를 먼저 생각해야 한다. 그러고 나서 하나님께 저 이렇게 일했으니 예쁘면 이러저러한 상급을 달라고 기도해야 한다. 이것이 순리이고 도리 아닌가. 그러나 사람들은 도리는 저버리고 자기가 받을 복만 구하다 돌아간다. 이런 기도는 하나님께서 듣지도 않는다고 하셨는데도.

생각해보자, 아이들이 어렸을 때엔 "아빠, 사랑해요."만 외치면 안 되는 게 없었다. 그러나 그 자식이 커서 어른이 되었는데도 "아빠, 사랑해요."만 외치면 그 아빠 마음이 어떻겠는가. 신앙인도 마찬가지다. 교회에 10년 20년씩 다녀 장성한 사람이 어린애처럼 "아버지 사랑해요 이거 주세요, 저거 주세요."만 하고 있다면 아버지 보시기에 팔푼이도 이런 팔푼이가 없을 것이다.

가슴에 손을 얹고 생각해보자. '나는 하나님의 뜻을 알고 있는가.' 하나님의 뜻을 이뤄드리는 일이 하나님 나라를 위해 내가 할 일이다. 나는 과연 무엇을 알고 있는가. 예수님이 주기도문을 주시면서 너희는 모든 기도에 앞서 먼저 그의 나라와 그의 뜻을 구하라 그리하면 모든 것은 덤으로 주신다고 하셨는데도(마 6:33), 우리는 그의 나라를 위해 기도하기보단 나의 출세나 자식의 앞날만을 위해 기도하지 않았나.

'무엇을 구하기 전에 나라를 위해 네가 할 일을 먼저 생각하라.' 이 말은 하나님 나라를 위해 내가 할 일의 첫걸음이다. 하나님의 소원은 팽개쳐두고 내 소원만 빌고 간 사람들에겐 회개의 첫걸음이기도 하다. 하나님이 소원하신 세상이 돌아와야 우리의 소원도 이루어지기 때문이다.

그러면 하나님의 소원은 무엇인가. 아담의 배신으로 죄악에 물든 세상을 소

성하시고 사망의 권세로부터 하나님의 피조물들을 구원해내시는 것이다. 성경은 지구촌을 구원하기 위해 고군분투해 오신 하나님의 피눈물 나는 역사를 생생히 증언하고 있다. 그러나 사람들은 그 성경을 외면하고 있다. 그것이 하나님을 외면하는 일인 줄도 모른 채.

마귀에게 빼앗긴 세상을 다시 찾고자 하나님은 수많은 목자를 이 땅에 보내셨다. 그러나 하나님을 믿는다는 사람들이 그들을 모두 죽였다. 아들을 보냈어도 상속자라고 죽이는 세상을 보며 하나님의 한이 얼마나 깊으실지 우리는 짐작도 할 수 없다. 이제 때가 되어 예수님이 하나님께 부탁하셔서 보내시겠다고 약속하신 마지막 목자가 하나님의 한을 알려주고 있다 (요 14:16). 그 약속의 목자는 예수님의 사자(계 22:16)이며 그를 알아보고 믿는 것이 하나님을 믿는 것이다.

하나님이 무엇을 해주시기를 바라기 전에 내가 하나님 나라를 위해 무엇을 할 것인가 생각해야 한다. 하나님의 소원이 이루어져야 우리의 소원도 이루어지기 때문이다.

3. 배우고 행하면 기쁘지 아니한가

학이시습지 불역열호學而時習之 不亦悅乎
배우고 때때로 행하면 기쁘지 아니한가.

매우 유명한 말이지요. 논어의 시작 문구입니다. 공자는 왜 시작부터 학습의 기쁨을 설파했을까요? 능력을 중시한 가르침에서 학습만큼 중요한 게 없기 때문입니다. 사람에게 있어 배움學習은 아무리 강조해도 지나치지 않는 평생 화두입니다. 그런데 곰곰이 생각해봅니다. 공부하는 게 정말 기쁜 일인가?

아닙니다. 공부를 좋아하는 사람은 없습니다. 공부 잘하는 수재들도 공부하는 게 기쁠 정도로 좋아하지는 않습니다. 그렇다면 2,500년 이상 사랑을 받아온 논어의 서두는 틀린 말인가. 아니겠지요. 그러면 배우고 행하는 게 기쁠 정도로 좋은 일이 무엇일까? 단순한 학습이 아니라 깨달음을 이야기한 것이었습니다. 학습과 깨달음은 차원이 다른 얘기입니다. 게다가 깨달은 내용을 실행에 옮기거나 남에게 전할 때 어찌 기쁘지 아니한가 묻는 것입니다.

그러면 어떤 걸 깨달았을 때 그 기쁨이 가장 클까요? 자신의 운명에 관한 일입니다. 사람들은 큰 집을 사거나 가족이 진급을 했을 때 또 자식이 좋은 학교에 붙었을 때 뛸 듯이 기뻐합니다. 그러나 그런 기쁨은 비교도 안 되는 기쁨이 있습니다. 가장 기쁜 일은 자기 자신에게 일어나는 일입니다. 사람들은 가족이나 자식이 위독할 때 자신이 대신 아프고 싶다지만 실제로 자기 목숨과 바꿀 수는 없습니다(겔 14:20). 그만큼 인생은 나의 문제입니다. 하나님은 말씀하십니다.

"어리석은 자여 오늘 밤에 네 영혼을 도로 찾으리니 네 재산이 뉘 것이 되겠느냐."(눅 12:20)

그렇습니다. 세상에 아무리 귀한 것도 자기 목숨과 바꿀 순 없습니다. 그래서 내 운명에 대한 구원의 길을 깨달았을 때 어떤 기쁨과도 비교할 수 없는 감동을 받게 됩니다. 그 기쁨은 세상에서 가장 큰 것이기 때문에 우리를 진정으로 자유롭게 합니다. '진리가 너희를 자유케 하리라.'(요 8:32) 이 말의 뜻을 예전엔 몰랐습니다. 아니 이 말은 틀린 말이라 생각했었습니다. 성경을 배우며 교회에 다니면 일요일도 수요일도 자유롭지 못한데 무슨 소리인가 했지만 참으로 좁은 생각이었습니다.

참 하나님을 만나고 우매했던 신앙관을 벗어던지니 모든 문제에서 자유로워질 수 있었습니다. 어떤 어려움이나 슬픔, 고통도 초월하는 힘이 생깁니다. 그 자유는 어떤 값을 주고도 살 수 없는 것입니다. 그러니 어쩌겠습니까? 이런 자유를 얻기 위해 진리를 얻어야지요. 그러면 진리는 어떻게 얻을 수 있을까요?

예수님께서는 예수님의 이름으로 보낼 진리의 성령 보혜사가 와서 예수님의 것을 생각나게 하시고 가르치실 것이라 하셨습니다(요 14:26).

'예수님이 직접 가르치시는 게 아니라 예수님의 대언자가 가르치신다.' 이 사실을 깨달은 순간, 참으로 즐거운 학습은 시작됩니다. 배우고 때때로 행하며 전하면 어찌 아니 기쁘겠는가. 공자의 기쁨과는 비교도 할 수 없는 기쁨을 만나기 위해 우리는 예수님이 우리에게 보내주시겠다고 약속하신 그의 사자를 만나야 합니다(계 22:16).

4. 하나님 차 한 잔 주세요

유붕자원방래 불역락호有朋自遠方來 不亦樂乎
벗이 있어 멀리서 찾아오니 즐겁지 아니한가.

논어는 이렇게 시작된다. 학습의 기쁨과 벗이 주는 즐거움으로. 이 말은 고교 교과서에서도 만났던 말이니 얼마나 익숙한 구절인가. 언제 보아도 절친한 벗을 만난 듯이 반가운 글이다. 사람을 포용하는 호연지기가 이만큼 함축된 글이 또 있을까. 적어도 2,500여 년간 사랑받아온 이 구절의 매력 포인트는 무엇일까. 말할 나위 없이 '멀리서'다. 여기서 이 말을 빼고 이어보라 싱겁기 그지없다.

멀리서 찾아온 친구. 그간 오고 가기 힘들었던 친구가 찾아왔으니 어찌 아니 즐겁겠는가. 이 말을 다시 보며 나는 과연 이런 친구가 있는지 헤아려본다. 누구를 만나야 '유붕자원방래'라 떠들며 기뻐할 수 있겠는가. 즐겁지 아니한가를 외칠 친구는 많다. 그러나 없다. 노숙자 친구까지 좋아해 줄 사람은.

유교의 경전 '논어'의 이야기니 기독교의 경전에서도 친구를 찾아본다. 아브라함이 하나님을 믿으니 하나님의 벗이라 칭함을 받았고(약 2:23), 예수님은 나의 명대로 행하면 나의 친구라

(요 15:14) 하셨으니 하나님도 예수님도 벗이 될 수 있다. 그렇다 내가 하나님의 벗이 될 수 있다면 하나님은 가장 멀리 있는 벗이다. 언제든 어디서든 변함없는 벗은 신 외에 누가 있으랴.

멀리 있는 벗을 만나는 방법은 두 가지다. 내가 그에게로 가거나 그가 내게로 오게 하면 된다. 하나님도 마찬가지다. 내가 하나님께 가거나 하나님이 내게 오시면 된다. 그럼 오시게 하는 방법을 알아보자. 하나님께선 빛이시므로 나도 작은 빛이 되는 것이다. 내가 감히 어떻게 빛이 될까? 간단하다. 말씀이 빛이라 하셨으므로(요 1:1~4) 말씀을 마음에 새겨 소유하면 우리가 하나님의 집이 된다(고전 3:9)고 하셨다. 이것이 하나님을 만나는 지름길이다. 거꾸로 생각해보라. 내가 말씀을 지니지 못해 말씀을 알아들을 귀가 없는데 하나님이 내게 오시겠는가. 불을 보듯 뻔한 일이다. 내가 작은 빛일 때 큰 빛인 하나님이 당연히 돌보러 찾아오신다는 약속을 믿지 않는가. 내가 하나님이 거하실 집이 되어 반짝반짝 빛을 내고 있어야 한다. 그리고 거울을 보며 환하디환한 표정으로 연습해야 한다. '하나님 제 집에 오셨으니 차 한잔 하시죠.'

아니면 내가 벗을 찾아가도 된다. 초림 때, 제자들은 예수님을 통해서 하나님을 보았다고 했다. 또한 예수님 자체가 하나님께로 향하는 길이었다(요 14:6). 오늘날에도 길이 되는 목자가 있다. 예수님이 보내시겠다고 약속하신 예수님의 대언자다(요 16:13~14). 이 땅에 예수님이 다시 오실 때 그 대언자를 먼저 만나야 한다는 사실만 알아도 그대는 벌써 하나님께로, 그리운 벗에게로 이미 다가선 것이다.

2000년 전 예수님을 영접한 사람은 모두 하나님을 만났다. 오늘날은 예수님 대신 그의 사자를 보내신다 하셨으니, 그 대언자를 만난 날 축배부터 한잔 들면 어떨까.

"하나님 거의 다 왔죠? 차 한 잔 주세요."

5. 책을 좀 보자구

출근길 차를 몰고 나와서야 오늘이 휴일인가 할 때가 있지? 허겁지겁 고속도로에 들어섰을 때 길이 뻥 뚫려있는 날. '아하, 공일이구나!' 정신없이 사는 내가 측은해지기도 하지만 달리는 기분은 좋지.

요 며칠 출근길이 편했어. 휴가철에 외지로 떠난 차량 덕분에. 그러나 모든 것은 제자리로 돌아오듯이 길은 다시 막히겠지. 사무실에 들어서면 둘로 나뉘어. 휴가를 다녀온 사람과 아직 안 떠난 사람. 저마다 힐링을 꿈꾸며 떠나지만 만족하고 온 사람은 별로 없지 싶어. 정한 장소부터 안 맞은 사람, 아이들 치다꺼리만 하고 온 사람, 무질서한 이웃 때문에 피곤하게 있다 온 사람, 아이가 아파 정신없었다는 사람….

휴가 기분에 들떠 허둥지둥 떠났다가 돌아와 보니 일이 산더미처럼 밀려 있다는 친구에게 싱긋 웃었지. 휴가가 제일 필요한 사람은 너처럼 휴가지에서 막 돌아온 사람이라고. 그저 책이나 몇 권 싸들고 한군데 처박혀있다 오는 사람이 제일 부럽지. 그런 피서를 나는 윤택한 여행이라 부르지만 정작 실천하긴 힘들어. 뭐 너도 이번에 책을 싸갔다고, 웬일이니? 그런데 애들 땜에 껍데기도 못 열어봤다고? ㅋㅎㅎ

많은 얘기를 들으며 들었던 생각인데, 이런 일은 처음부터 힘 있는 분께 부탁하고 가면 어떨까. 장소 선정부터 가족의 건강문제, 차량 안전이나 무질서한 이웃으로부터 보호해달라고 말이야. 부탁할 분이 곁에 있는 사람과 없는 사람은 천지 차이지. 그분이 누구냐고? 누구긴 누구야 몰라서 묻니? 나의 빽은 항상 전지전능하신 분이지.

그분의 책을 보면 아무 부탁이나 다 들어주는 분이 아니야. 그분의 말씀을 옳게 알고 마음에 새긴 사람의 부탁만 들어주신다고 하셨지. 그분은 항상 이 땅에 목자를 보내신 다음 그 목자와 함께하셨잖니. 그래서 예수님도 나는 아버지 안에 있고 아버지는 내 안에 있다고 하신 것이지(요 10:38, 요 14:10). 그리고 너희가 듣는 말은 내 말이 아니라 나를 보내신 아버지의 말씀이라 하셨잖아(요 14:24). 예수님은 하나님의 대언자이셨지. 이건 초림 때 얘기고 이 땅에 다시 오실 땐 어떻게 이루어진다고 하셨니? 뭐 예수님이 직접 오신다고? 그런 말씀이 어디 있니? 성경을 좀 보고 얘기해라.

요한복음 14장 16절에 보면 예수님이 아버지께 구한 목자가 있어. 하나님께서 예수님의 부탁을 듣고 또 다른 보혜사(대언자, 요일 2:1)를 보내주실 것을 예언하고 계시잖니. 다시 말하면 하나님께서 예수의 이름으로 보내시겠다고 약속하신 성령(요 14:26), 그를 찾아야만 예수님과 하나님을 만날 수 있는 것이지. 여기서 '그'는 예수님이 아니고 예수의 이름으로 보내시는 약속의 사자야, 무척 중요한 말씀이지 좀 적어라 적어. 뭐 전화로 얘기하니까 헷갈린다고?

야 이 가시내야, 헷갈릴 게 뭐 있니, 초림 땐 하나님이 예수님을 보내시고 그와 함께 하셨고 재림 땐 예수님이 그의 사자를 보내시고 그와 함께 한다는 얘긴데. 뭔 말인지 모른다면 책을 통 보지 않고 다닌 사람이잖아. 책에는 예수님이 직접 안 오시고 예수님의 사자가 오서서 우리에게 모든 것을 가르쳐주신다고 쓰여 있는데(요 14:26), 너는 왜 자꾸 예수님을 기다리는 거지? 책에도 없는 예수님을 기다리면 끝까지 만나지 못해, 그건 알고 기다리라구.

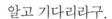

한 가지 더 알려줄까? 요한계시록을 보면 말이야, 예수님의 대언자 '그'는 예수님과 하나님 보좌에 함께 앉을 분이라고 하셨지(계 3:21). 한 자리에 하나님과 예수님과 '그가 셋이 함께 계신 모습을 상상해봐, 놀랍지 않니? 그래서 '그'를 찾아야 해. 그를 찾는 것이 예수님과 하나님을 만나는 길이야. 이게 내 얘기니? 성경 얘기야. 제발 우리 책좀 보면서 다니자고. 이만 끊자, 신랑 들어올 시간이야.

6. 좋은 사람

좋은 사람의 반대말은 무엇일까. 대부분 '나쁜 사람'이라고 대답한다. 틀렸다, 정답은 '싫은 사람'이다. 나하고 안 맞는 사람, 안 좋은 사람이 좋은 사람의 반대말이다. 나와 안 맞는 사람은 얼마든지 있을 수 있고 나쁜 사람이 아니다. 민족과 풍습에 따라 안 맞는 사람이 훨씬 많은 게 사실이다. 모든 사람들이 나와 잘 맞고 성격도 똑같다고 가정해보자 얼마나 고루한 세상이 되겠는가. 이 다양함은 함께 사는 지구촌이 발전하는데 커다란 장점인 것이다.

좋은 것의 반대말, 나쁜 것이 아니라 싫은 것이다. 우리가 장갑을 사면서 '이건 싫어요, 나한테 안 맞아요.' 할 순 있다. 그러나 '이 장갑이 틀렸네요.' '이 장갑이 못됐네요.'라고 말할 순 없지 않은가. 그러나 국어학자가 될 뻔했던 필자도 좋은 사람의 반대말 하면 자꾸 나쁜 사람이 생각난다. 그렇다면 좋은 사람의 반대를 나쁜 사람이라고 해도 틀리지 않을 곳이 있을까? 있다. 종교세상이다.

성경은 세상에 두 종류의 영이 있다고 일러준다. 성령과 악령. 그래서 영혼을 지닌 사람도 두 가지 종류로 나뉜다. 성령과 함께하는 좋은 사람, 악령과 함께하는 나쁜 사람. 그러면 종교에서 나쁜 사람은 누구인가. 진리를 왜곡시킨 사람이다. 성경은 한 글자도 더하거나 빼버릴 수 없다. 한 글자라도 더한 자는 성경에 기록된 재앙을 더하신다 하였고 빼버린 자에겐 거룩한 성에서 제해버리실 것을 엄중히 경고하고 계신다(계22:18-19). 그런데도 하나님의 글은 시도 때도 없이 변형되고 있다. 자기들 마음대로 가감한 구절을 하나만 보자.

개역한글 성경	아가페 쉬운 성경	천주교 성경
[마24:19] 그 날에는 아이 밴 자들과 젖 먹이는 자들에게 화가 있으리로다	[마24:19] 그때에는 임신한 여자와 젖 먹이는 여자에게 화가 있을 것이다!	[마태24:19] 불행하여라, 그 무렵에 임신한 여자들과 젖먹이가 딸린 여자들!

'아이 밴 자들'이 '임신한 여자들'로 바뀌었다. 통성 명사가 여성으로 한정된 것이다. 이는 엄청난 변형이다. 바울 사도도 내가 너희를 젖으로 양육하였다고(고전 3:2) 했고, 또 내가 너희를 위하여 해산의 수고를 했다 하였듯이(갈 4:19) 성경에서 목자는 여자로 비유된다. 여기서도 아이 밴 자와 젖 먹이는 자는 여자를 말함이 아니고 신랑(하나님)에게 말씀을 받아 자녀를 양육하는 어머니 역할의 목자를 말한다. 그래서 종교세상 끝이 오면 잘못 인도한 목자들이 신도들보다 더 큰 화를 당한다는 경

고의 말씀이다.

　성경에 '사람들'로 표시된 것을 누가 '여자들로' 좁혔는가. 그리고 그것이 맞는가. 지금 '신의 글'을 사람들이 사방에서 뜯어고치고 있다. 쉬운 성경은 '들'을 빼서 단수로 만들었고, 천주교 성경도 여자들만 저주받는다고 하였다. 그리고 실제로도 전쟁이 일어나면 임신부와 젖먹이 딸린 여자들은 행동이 둔하여 모두 화를 당한다고 가르친다. 그러면 젖먹이를 면한 2살짜리 아이의 엄마는 화를 면하나? 간편하게 분유를 먹는 아기의 엄마는 어떨까.

　천국 가려면 아이를 낳지 말라는 말인데 이 말은 있을 수도 없다. 이렇게 글자 하나 더하고 빼는 것이 작은 변형 같지만 'them'이 'women과 mothers'로 바뀐 건데 이건 보통 일이 아니다. 이것은 성경을 모르는 박사들이 '쉽게 쓴답시고' 저지른 죄악이다. 얼마나 많은 영혼들이 왜곡된 성경을 따라가고 있는지. 성경을 바꾼 자들은 그 죗값을 어떻게 치르려고 저러는지 상상할 수도 없다.

　성경은 더하지도 빼지도 말라 하셨다. 싫은 사람, 미운 사람, 틀린 사람, 나쁜 사람일지라도 성경 안에서는 모두가 좋은 사람이 되길 기다리신다. 그렇게 좋은 세상을 꿈꾸며 하나님의 글은 좋은 사람이 될 준비를 마친 당신을 기다리고 있다, 지금.

7. 개떡과 찰떡

시립도서관 2층 화장실

둘째 칸에 앉으면 그림낙서 한 컷이 눈길을 끈다.

그 그림은 좀 잘 그렸으면 하는 아쉬움을 달고 있다.

'이거 그린 눔 대학생 아니다.

대학생이면 좀 더 잘 그렸어야지!'

아쉬움은 꾸지람을 달고 있다.

'낙서하지 마. 세끼들아!'

누군가 빨간 펜으로 '세끼'를 지적했다.

'／틀렸음 새끼(○).'

빨간 펜은 다시 길게 휘어진 화살표에 끌려가

사인펜으로 얻어맞았다.

'개떡같이 말해도, 찰떡같이 알아들어. 쉐끼들아!'

등 뒤에서 파이프를 타고 내린 찬물 한 통이

푸하하 쓸려나가고 파란 창에 구름 반쪽 싱긋 웃는다.

그래 어쩌면 천 년 전 이두문자는

'세끼'가 맞는 말이었는지도 모른다.

천 년 후쯤엔 '쉐끼'로 변할 수도 있겠지.

맞춤법이란 시대에 따라 변할 수 있는 것

세상에 변함없이 맞는 말은 없을 거야.

호주머니를 뒤적거려 나도 그 밑에 적고 싶었다.

'와~ 재밌다. 다들 어딨니?'

낙서의 주인공들은 저마다 어른이 되어가고 있겠지. 그러나 이 말만은 고쳐야겠다. '세상에 변함없이 맞는 말은 없을 거야.' 있으니까 말이다. 변함없이 맞는 말은 진리고 진리는 태초부터 말세까지 불변하는 것임에 가치가 있다. 진리는 어떤 것이 있을까? '모든 물체는 땅으로 떨어진다.' 만유인력의 진리다. '굶으면 배고프다.' 맞다. 이렇게 어렵게 찾을 게 아니라 진리만 집단으로 모여 있는 곳이 없을까? 성경전서가 있다. 성경은 모든 말씀이 태초부터 현재까지 불변의 진리뿐이다.

2014년 신임 염수정 추기경님의 취임 일성은 '나만 옳다고 쌓아올리는 바벨탑을 무너뜨리자.'이다. 그게 무너지고 흩어진 뒤에야 하나 됨이 가능하다고 했다. 좋은 지적이시다. 그러려면 가장 기본이 되는 하나님 말씀부터 하나가 되어야 한다. 말씀이 하나님이신데(요한 1:1) 성경책은 저마다 다르다.

지금도 수천 수백 곳에서 성경은 변질되고 있다. 수천 개 중에 네 개만 보자.

개역한글 성경	개역개정 성경, 쉬운 성경	가톨릭 성경
[렘31:22]… 여호와가 새 일을 세상에 창조하였나니 곧 여자가 남자를 안으리라	[개역개정, 렘31:22]… 여호와가 새 일을 세상에 창조하였나니 곧 여자가 남자를 둘러싸리라	[예레31:22]… 주님께서 세상에 새것을 창조하셨으니 여자가 남자를 쫓아다니는 것이다.
[계시17:2] 땅의 임금들도 그로 더불어 음행하였고 땅에 거하는 자들도 그 음행의 포도주에 취하였다 하고	[쉬운, 계시17:2] 세상의 왕들이 그 여자와 함께 음란한 죄를 짓고, 온 세상 사람들도 그녀가 주는 음란의 포도주에 취하였다	[묵시17:2] 땅의 임금들이 그 여자와 불륜을 저지르고, 땅의 주민들이 그 여자의 불륜의 술에 취하였다.
[계시18:9] 그와 함께 음행하고 사치하던 땅의 왕들이…	[쉬운, 계18:9] 그 여자와 함께 음란한 죄를 짓고, 사치를 일삼던 세상의 왕들은…,	[묵시18:9]"그 여자와 함께 불륜을 저지르며 사치를 부린 땅의 임금들은…
[계19:2] …음행으로 땅을 더럽게 한 큰 음녀를 심판하사…	[쉬운, 계19:2]… 하나님께서는 이 땅을 음란으로 더럽힌 창녀를 심판하셨다…	[묵시19:2]…자기 불륜으로 땅을 파멸시킨 대탕녀를 심판하시고…

지면관계상 짧게 설명하자면, 통성 명사 '그'가 '그 여자'로 좁혀지고 '음행'이 '불륜'으로 한정된 것이다. 음행에 불륜만 있겠는가.

첫 줄의 '여자가 남자를 안으리라'는 마리아가 예수님을 안으리라는 예언이고, 요한계시록의 '그와 함께 음행하고'에서 '그'는 여자가 아니고 남자다. 사단(음녀)의 교리를 받아 백성을 양육하는 목자의 행위를 '그와 함께 음행'이라 한 것이다. 불륜이 왜 나오고 여자가 왜 나오는가.

또 요한계시록 19장에선 '큰 음녀'가 '창녀'와 '대탕녀'로 바뀌었다. 쉽게 쓴다고 늘여 썼지만 무지에서 온 변질이다. 변질된 성경에서 무엇을 구하겠는가. 하나님은 누구든지 이 말씀을 더하거나 제하면, 이 책에 기록된 재앙을 더하거나 거룩한 성에 참예함을 제하여 버리겠다고 하셨다(계 22:18~19). 그런데도 성경은 오늘도 변질되고 있다. 우선 성경부터 하나 됨이 시급하다. 그래야만 한 분이신 하나님을 믿는 종교 아니겠는가.

찰떡같은 신앙은 찰떡을 얻지만 개떡 같은 신앙은 개떡을 얻음이 마땅하다. 개떡 신앙을 해온 사람에게까지 실수로 찰떡을 주시는 일은 단연코 없다 하신 말씀을 기억해야 한다.

8. 예정된 불합격

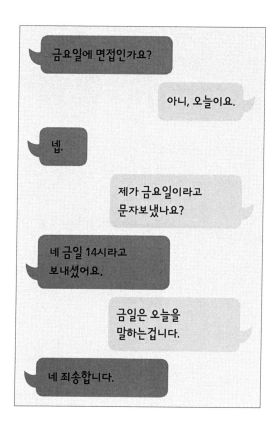

수요일, 금요일을 '수욜, 금욜'이라 말하는
젊은이들에게 있을 수 있는 일입니다.
변질된 언어는 성경주석이 제일 무섭죠.

"때가 가까이 왔다. 회개하라."

2000년 전에 예수님이 그러셨고

오늘날도 똑같은 목소리로

천국 면접이 오늘이라는데

알아듣지 못하고 게으름 피우다가

오늘이 지나가 버린다면 그땐 어떡하시겠습니까.

하나님께 문자 보내시려구요?

"내가 너희를 알지 못하노라." 하셨잖아요(마 25:1~12).

9. 아버지께

아버지! 오늘은 좀 오래된 이야기입니다.

제가 중3이 되던 봄, 국가대표 선수들의 요람인 태릉선수촌에 입촌하게 되었을 때 아버진 관심 없어 하셨지만 저는 두가지 감동을 잊지 못하고 있습니다. 첫째는 마치 신천지 같은 어마어마한 운동시설이었고, 둘째는 TV로만 보던 스타 선수들과 제가 밥을 먹고 있는 것이었습니다. 그리고 태어나서 처음 본 뷔페식당은 천국처럼 보였습니다.

매우 이상하게 보였던 후라이드 치킨과 양식요리들까지, 밥이 아닌 것으로만 배를 채워도 되는 세상을 처음 보았습니다. 무엇이든 마음껏 먹을 수 있는 자유와 몸무게가 늘면 호된 기합을 받던 억압이 공존했던 사회. 선수촌 생활은 천국 같은 환경과 지옥 같은 훈련이 뒤섞인 추억이었습니다….

그곳으로 떠나던 날, 우리 집 밥상이 여느 때와 달랐던 건 어머니의 배려였다고 생각됩니다. 고깃국과 기름에 재어 구운 김과 달걀찜이 있는, 일 년에 몇 번 구경할까 말까 한 밥상에서 밥을 먹다가 저는 아버지께 머리를 쥐어박혔지요. 국밥에 김조각을 띄워 수저로 다독인 뒤 밥을 뜨면, 사그라진 김이 먹기도 좋고 맛도 그만이었습니다. 그렇게 먹다가 얻어맞았습니다. 수저를 문 채 눈물이 핑 돌 정도로.

"이누메 자식, 밥 먹으면서 장난질이야?"

밥 먹을 땐 개도 안 때린다는 어머니의 역성을 등에 달고 그날 저는 밥도 다 못 먹은 채 아버지 품을 떠났습니다. 그리고 태릉에서 자유배식을 만났습니다. 말만 들었을 땐 믿기지 않던 뷔페식당이 무척 신기했습니다. 처음 보는 트레이닝 센터와 호사스런 침실에서 저는 아버지를 생각했습니다. '아버지는 이런 세상이 있는 걸 알기나 하실까. 왜 그러셨을까?' 아버지는 그저 운동 때문에 공부 못하는 자식이 미워서 그러셨을 거라고 생각했습니다. 그러나 어느 날인가 집에 온 날 잠결이었습니다. 제 머리맡에서 어머니와 나누시던 아버지의 독백에 놀란 때는.

"이 녀석이 밥 한 순갈에 반찬을 세 가지나 먹는 게 밉상스럽더라고…."

김과 국과 콩나물을 같이 먹었던 저는 눈물을 들킬까 봐 이불을 쓰며 돌아누웠지만 다 들었습니다, 아버지. 왜 어머니보다 아버지께 효도를 다짐하며 울었는지 모르겠습니다. 얼마나 어려웠으면 그러셨을까? 자식의 먹성까지 미웠던 아버지의 가난은 연민입니다.

아버지, 저는 아버지 생전에 사랑한다는 말씀을 못 드렸지만 누구보다 아버지를 사랑합니다. 뒤늦게 깨달은 생각이오나

저를 키운 건 아버지가 주
신 밥뿐 아니라 아버지의
말씀이었습니다. 바르게
자랐고 평생 청렴하게 살
았습니다. 그리고 바른 종
교를 찾았습니다. 이 일은
제 일생일대의 가장 큰 행
복입니다. 하나님도 참 하
나님(요 17:3)과 거짓 하나님

(살후 2:4)이 있다는 것을 예전엔 몰랐습니다. 이것은 정말 놀라
운 사실이지만 많은 사람들은 성경을 읽지 않고 거짓 하나님의
거짓 목자를 따라가면서도 그가 참인 줄 알고 있습니다. 저도
그들 중에 있다 나왔으니 얼마나 감사한 일인가요. 바른 종교
에 입문하게 된 것은 하나님의 은총이지만 건강한 육체를 주신
아버지의 은혜도 잊을 수 없습니다.

　아버지, 올해부턴 차례상 앞에서 추도 예배를 드리자고 하
였더니 에미도 좋아합니다. 제사는 우리나라 전통문화도 아니
라며 한술 더 떠댑니다. 그렇습니다. 조선왕조가 정권유지목
적으로 세운 제도일 뿐 우리의 고유문화는 아니지요.

　아버지, 예수님은 돌아가신 영들에게도 복음을 전파하신다고 하셨습니다(벧전 4:6). 그래서 에미와 저는 기도 때마다 아버지와 어머니께서 그 복음을 받으시도록 빌고 있습니다. 영계의 하늘나라가 이 땅에 오실 때 우리는 꼭 만난다고 하셨거든요(마 6:10). 아버지 이 땅에 태릉선수촌보다 백배 천배나 좋은 세상이 열립니다. 이 얘기 잊어버리시면 안 돼요, 하늘에서 예수님 만나시거든 얼른 인사하시는 거 말이에요. 잘 모르시겠거든 어머니 옆에 꼭 붙어 다니세요. 머지않았습니다, 꼭 뵙고 싶어요, 아버지!

10. 산타와 하나님

Marry Christmas! 오늘은 즐거운 성탄일, 산타할아버지들은 어젯밤 얼마나 바빴을까. 어린이들의 상상을 모두 채우려면 굴뚝을 0.01초에 통과해야 하고 루돌프 썰매도 초음속으로 달려야 한단다. 어느 일 없는 사람이 별 통계를 다 냈네 했지만 그런 사정까지 아이들이 알 리는 없지.

아니 알아버리고 세상에 산타할아버지는 없다고 믿는 나이부터 머리맡에 선물 주머니는 놓이지 않는다. 재밌다, 어른들의 신앙도 똑같지 않을까.

하나님도 하나님은 없다고 믿는 사람에게까지 복을 주시진 않는다. 그럼 하나님은 계신다면서 말씀을 모르는 사람에겐 어떨까? 매한가지겠지. 하나님과 소통이 단절된 사람이므로 복을 받을 길이 없다. 말씀은 찾되 반대로 한 사람은 어떨까. 이렇게 기도하라 하면 저렇게 기도하고 이 길로 가라 하면 저 길로 간 사람은? 질문 자체가 바보스럽다. 복은커녕 귓방망이 맞고 오지 않으면 다행이겠지.

성경을 보며 이 구절은 믿고 저 구절은 안 믿는 사람들이 많은데 그건 누가 봐도 잘못된 신앙이다. 우리는 성경말씀을 모두 믿고 언약을 지켜내야만 약속된 복을 받을 수 있다. 물론 믿기 어려운 부분도 있다. 구원 영생 이런 단어를 접할 때면. 그러나 자기가 이해 못 한다고 안 믿을 게 아니라 이해시켜주는 목자를 찾아야 하지 않겠는가. 언제까지? 찾을 때까지 눈물로 기도하기. 이것이 바른 신앙 아니겠는가. 이해시켜주는 목자가 불사약不死藥을 들고 이것이 영생수라 외쳐도 영생이 어디 있냐고 돌아앉아 있으니 귀머거리가 따로 없다.

예수께서도 믿음대로 복을 주셨다. 마태복음 9장을 보면 두 소경이 "우리를 불쌍히 여기소서." 하며 나왔을 때 예수께서 "내가 능히 이 일을 할 줄 믿느냐?"고 물으셨다. 소경들이 "그러하오이다." 답을 했고 예수께서 저희 눈을 만지시며 "너희 믿음대로 되라." 하시며 고쳐주셨다. 만일에 두 소경이 예수님의 능력을 믿지 않는데도 고침을 받았을까 우리 자신을 빗대어 생각해볼 일이다.

> 예수 : 나를 믿는 자는 죽어도 살겠고, 무릇 살아서 나를 믿는 자는 영원히 죽지 않는다. 이것을 네가 믿느냐?(요 11:25~26)
>
> 쭌 : 예 그러하옵니다(요 11:27).

이 대화를 믿는다고 하면 돈 사람 쳐다보듯 하는데, 성경공부는 이 말씀이 이해될 때까지 해야 한다. 이 말씀은 기독교인에게 가장 큰 소망이자 푯대다. 그러나 영생을 믿는 사람은 없다. 정확히 아는 사람도 없다. 그동안 영생을 이해시켜주는 목자를 찾지 못했기 때문이다. 그렇다면 루돌프를 교체하거나 썰매를 바꿀 일이지 푯대가 없는 길이라 하면 되겠는가.

하나님께서 예수님을 통해 말씀하신 이 '영원히 죽지 아니하리니'는 믿을 사람만 믿으라는 허튼소리가 아니다. 하나님의 약속이기 때문이다.

하나님은 약속하신 복을 직접 주시는가. 성경에 의하면 아니다. 하나님은 예수님께 주시고, 예수님은 천사에게 주시고, 천사는 사도 요한 격 목자에게 주시고, 그 목자를 통해 복은 우리에게 온다(계 1:1~3). 하나님은 만물을 아들에게 다 주었으니 아들에게 받으라고도 하셨지만(요 3:35) 사람들은 그 말씀은 못 믿겠다며 하나님께로만 간다.

"(하나님 아들에게 다 줬다는 거 거짓말이죠?) 복 좀 주세요." 사정해봤자.

"아들에게 다 줬다니까, 이 무지랭이들아!" 하며 돌아앉아 계실 거다.

그래서 하나님을 찾는 길은 시대마다 하나님이 정하신 그 목자를 찾는 것이다. 그것이 하나님을 따르는 길이며 복을 받는 길이다. 산타의 선물도 믿는 자에게만 오듯, 하나님의 복도 그걸 믿는 자만 받을 수 있다.

11. 당신의 물두멍은 안녕하십니까?

하나님의 명령을 받고 모세는 성막 앞에 물두멍을 만들었습니다. 물두멍은 물그릇으로서 손발을 씻는 장치입니다. 제사장이 하나님께 들어갈 때 자기를 정결케 하지 않으면 죽음을 면치 못했습니다. 그 물두멍을 대하 4장에선 바다라고도 했습니다.

> [대하 4:6] 또 물두멍 열을 만들어 다섯은 우편에 다섯은 좌편에 두어 씻게 하되 번제에 속한 물건을 거기 씻게 하였으며 그 바다는 제사장들의 씻기를 위한 것이더라

그 바다를 솔로몬 시대에는 12소가 받쳤다고 했습니다.

> [왕상 7:25] 그 바다를 열두 소가 받쳤으니 셋은 북을 향하였고 셋은 서를 향하였고 셋은 남을 향하였고 셋은 동을 향하였으며 바다를 그 위에 놓았고 소의 뒤는 다 안으로 두었으며

여기서 '소의 뒤는 다 안으로 두었으며'는 무슨 뜻일까요? 입은 바깥을 향했다는 말씀입니다. 머리 위의 바닷물을 사방으로 흘려보내는 12소는 예수님 초림 때에 12제자를 예표했던 것입니다.

그렇습니다. 초림 땐 물두멍이 예수님이었으므로 그 앞으로 와서 말씀으로 씻음 받아야 하나님께로 나아갈 수 있는 것입니다. 하나님은 장막 안에 계신 것이 아니라 예수님 안에 계셨기 때문입니다. 너희는 내가 일러준 말로 이미 깨끗해졌다(요 15:3)고 하셨고, 하나님께 오려면 나를 통하지 않고는 누구도 올 수 없다고 했는데도(요 14:6) 유대인들은 물그릇 앞으로 갈지언정 예수님껜 오지 않았습니다. 예수님이 율법은 끝났다고 그렇게 외쳐도 그들은 율법의 유물인 물그릇 앞으로만 갔습니다. 진정한 물그릇인 생명수가 담긴 그릇, 예수님을 몰라보고 모형 물그릇에 가서 손발만 씻었습니다. 얼마나 우매한 짓입니까?

속 터지도록 우매한 사람들을 두고 승천하실 때 "내가 이런 저런 모양으로 다시 오마." 하신 것이 신약의 예언입니다. 언제? 요한계시록의 비밀이 모두 열릴 때 내가 다시 왔다는 증거라고 하셨습니다(요 16:25).

그러나 다시 오신 예수님은 영체이시므로 우리 눈에 보이진 않습니다. 그 영이 함께하는 사도 요한 격 목자만 보입니다. 새로 오는 새 요한은 요한계시록의 실상을 본대로만 말하므로 누가 봐도 알 수 있습니다. 괜히 요한계시록을 모르는 사람들이 말도 안 되는 핍박으로 몰아세울 때 내 안에 초림 시대 유대인의 영이 들어

있지는 않은지 돌아보아야 합니다.

예수님이 예수님의 새 이름으로 보내시겠다고 약속하신 (계 3:12) 보혜사 새 요한이 보일 때, 예수님의 재림은 시작된 것입니다. 그때에는 새 요한이 물두멍입니다. 예수님의 대언자, 원조 물두멍의 대언자, 그를 통해야 그와 함께하는 예수님을 만날 수 있고 하나님을 만날 수 있습니다. 그는 예수님의 보좌에 하나님과 함께 앉게 되는 분입니다(계 3:21). 물두멍은 모두 한자리에 모여 세상을 통치하시게 되는 사람을 말합니다.

그런데 아직도 놋쇠로 만든 물두멍을 찾아가는 사람이 많습니다. 그것은 모형이고 그림자라 그래도… 그래도 거기 가야 직성이 풀린다는 사람이 많습니다. 내 직성이 풀리는 거와 하나님은 아무 관계 없다고 해도 자기는 관계가 있다는 겁니다. 그렇다면 하나님이 만든 천국보다 자기가 만든 천국이 따로 있겠지요.

마음을 씻고 가야 하는 길이라고 그렇게 말해도 손발만 씻고 가면 된다고 우기는 사람들입니다. 그런 사람들 앞에 엉터리 물두멍은 버젓이 생존합니다.

오늘날 그림자 물두멍이 얼마나 많습니까. 율법 시대부터 내려온 모형 물두멍, 진짜 교회 앞에 있는 실물 물두멍, 물두멍이 사람인 줄도 모르는 무식 물두멍, 물두멍 근처에도 못 가는 가짜 물두멍… 당신이 섬기는 물두멍은 안녕들 하십니까?

12. 유쾌한 상상

만일 소설 속의 타임머신이 진짜로 만들어져 시간 여행을 할 수 있게 된다면 나는 어디로 가볼까. 100년 전으로 갈까 아니면 100년 후로 가볼까.

20세기는 세계대전이라는 전쟁을 두 번이나 겪으면서도 과학으로 인해 인류의 삶은 엄청나게 발전시켰다. 19세기도 혁명적으로 발전한 시대였지만 그 시대를 살았던 누구라도 20세기를 건너뛰어 21세기 이곳에 떨어진다면 아마 기절하지 않겠는가. 그래서 20세기에 태어난 나는 21세기를 뛰어넘어 22세기에 가보고 싶은 것이다.

지금부터 200년 전엔 노예해방을 외치면 미친 사람 취급받았고, 100년 전엔 여성에게 투표권을 달라 하면 감옥에 넣었다. 수만 리 밖의 목소리를 들려주는 줄 달린 전화기도 신기한데, 줄 없는 전화기를 주머니에 넣고 다닌다. 이렇듯 세상은 확연히 바뀌었는데 지금부터 100년 후, 또 200년 후의 세상은 어떻게 변해있을까. 참으로 가슴 벅찬 상상이 아닐 수 없다. 골동품의 기준 조건이 100년이니 내가 쓰던 물건은 모두 골동품일 것이고. 혁신적인 물품의 탄생 못지않게 사람의 생각은 또 얼마나 달라져 있을까. 정말 가보고 싶다.

100년 후의 세상엘 가보는 방법으로 현재까지 알려진 건 두 가지뿐이다. 타임머신이 태어나길 기다리는 것과 또 하나는 성경대로 사는 것이다. 어느 쪽이 가능성이 높을까? 과학자들은 타임머신을 기다리고 신학자들은 성경을 택할까? 아니다. 둘은 비교의 대상이 못 된다. 타임머신은 과학적 상상 같지만 허망한 공상이기 때문이다.

인간은 몇 초 앞을 알 수 없다. 통계학적으로 예측은 가능하나 안다고는 할 수 없는 것이다. 만일 인간이 기계를 타고 단 1분이라도 앞서가서 1분 앞의 미래를 알 수 있다면 세상의 모든 섭리는 무너진다. 작게는 세계 증권가나 금융계는 모두 그의 손에 들어갈 것이고 전쟁의 승패도 그를 추종하는 세력에게 달릴 것이다. 한 마디로 세상의 모든 질서를 무너뜨릴 공상에 지나지 않는다.

그러나 성경 속 미래는 허황한 세계가 아니라 실제로 도래하고 있는 세계이다. 성경에 의하면 죽고 사는 것은 하나님의 권한이다(욥 1:21). 하나님이 버린 아담도 약 천 년이나 산 것은 그가 이미 생기를 받았던 사람이라는 점에 주목해야 한다. 그만큼 하나님의 생기는 중요하다. 그런 하나님이 죄로 인해 사람에게서 떠나가시며 사람의 년수年數를 일백이십 년으로 정하셨다(창 6:1-3). 이후 여러 죄가 가중됨으로 인해 사람의 수명은 더 감수減壽되어 약 70년이 되었으니 (시 90:10) 죄가 가중됨으로 나타난 것은 수명 감수였다.

이것은 죄로 인해 온 사망(약 1:15)이므로 죄가 사해지면 다시 장수할 수 있음을 나타낸다. 이것은 가능한 얘기지만 타임머신은 망상이다. 그러나 진정한 생명의 연장은 한 번도 없었기 때문에 믿기가 쉽지 않다. 인간은 한 번도 하나님이 되찾은 천국에서 살아보지 못했기 때문이다. 그러나 하나님의 아들을 믿는 자들은 영생을 얻는다고 하셨다(요 3:16). 그럼 영생을 못 얻는 자들은 누구인가. 하나님의 아들이 아닌 자를 믿거나 하나님의 아들을 보고도 믿지 못한 자들이다. 마치 2000년 전 바리새인이나 사두개인같이.

교회는 왜 다니는가. 구원을 얻기 위해서 다닌다. 가족의 승진이나 자식의 합격을 빌기 위해 다니는 곳이 아니다. 그러나 많은 사람들이 교회를 점집 섬기듯 까꾸로 다니고 있다. 기도하지 말라는 기도나 올리고 언감생심 영생은 꿈도 못 꾸면서 자신은 독실한 교인이란다. 나는 진정 성경을 따라가고 있는가 한 번쯤은 돌아보아야 할 때다.

하나님께서 성경을 주신 이유는 우리에게 영생이 있음을 알리기 위해서다(요일 5:13) [59].

이 말씀 '영생이 있음'을 믿지 못하면 교회에 다닐 필요가 없으니 믿게 해주는 목자를 찾아야 한다. 그런 목자가 나타나 이미 말씀이 열렸는데도 그런 일은 있을 수 없다고 단정하는 사람은 성경을 전혀 모르는 자 아닌가. 참 목자를 만난 참 신앙인은 배포부터가 다르다. 100년 뒤, 200년 뒤의 세상을 볼 터인데 자단한 세상일에 매일 게 뭐 있겠는가.

이제 책을 맺으면서 구약성경 두 절을 붙인다. 이 글 읽다 연락 두절된 친구가 돌아오길 바라면서. 친구야 자네 교회 사람들은 절대 믿지 않는다고 했지만 성경은 끊임없이 얘기하고 있다네. 천국은 분명히 있고 그곳은 엄청난 장수촌임을. '백 세에 죽는 자가 아이'라네. 죽은 뒤의 장수長壽를 말하겠나?

---

59) **요일 5:13** 내가 하나님의 아들의 이름을 믿는 너희에게 이것을 쓴 것은 너희로 하여금 너희에게 영생이 있음을 알게 하려 함이라

[이사야 65:17, 20]

17 보라 내가 새 하늘과 새 땅을 창조하나니 이전 것은 기억되거나 마음에 생각나지 아니할 것이라 20 거기는… 수한이 차지 못한 노인이 다시는 없을 것이라 곧 백 세에 죽는 자가 아이겠고 백 세 못되어 죽는 자는 저주받은 것이리라.

그리고 이 얘긴 내 얘기가 아니고 성경얘기 아닌가.

왜 성경만 펴면 도망가누?